©	Verlag Zabert Sandmann GmbH, München 3. Auflage 2000 ISBN 3-924678-48-0
Konzeption	Monika Kellermann
Fotografie	Susie Eising Karl Newedel (S. 123) Franz Gerg (S. 6 oben) Pete A. Eising (S. 6 rechts unten)
Foodstyling/Requisite	Tanja Major/Bettina Gousset/Judith Woods
Redaktion	Gertrud Köhn Edelgard Prinz-Korte
Graphische Gestaltung/DTP	Werbeagentur Hauer-Heinrich, Passau
Herstellung	Peter Karg-Cordes
Lithografie	inteca Media Service GmbH, Rosenheim
Druck/Bindung	Istituto Grafico Bertello, Italien

In Zusammenarbeit mit der TR-Verlagsunion GmbH, München

MONIKA KELLERMANN

GÄSTE & FESTE

PRÄSENTIERT VON
ALFONS SCHUHBECK

ZABERT
SANDMANN

INHALT

Monika Kellermann *und* ***Alfons Schuhbeck,*** *der renommierte Meisterkoch aus Waging am See, kennen die besten Tips für gelungene Feste.*

Monika Kellermann *arbeitet seit Jahren als Buchautorin und freie Foodjournalistin. Für den Zabert Sandmann Verlag verfaßte sie viele erfolgreiche Titel in der »Reihe mit dem Löffel«.*

Susie Eising *hat sich seit vielen Jahren auf das Gebiet Essen und Trinken spezialisiert. Sie zählt heute zu den führenden Foodfotografen in Deutschland.*

… UND WAS SOLLEN WIR KOCHEN?

Gute Frage. Sie haben Freunde eingeladen, die Sie - natürlich - großzügig bewirten wollen. Sie freuen sich auf einen gemütlichen, interessanten, lustigen oder vergnüglichen Abend.
Aber: Wie können Sie es anstellen, daß Sie selbst auch etwas davon haben und nicht den ganzen Abend in der Küche stehen, während sich alle anderen nebenan königlich amüsieren, und nur Sie bei den Witzen immer die Pointe verpassen?
Ein gelungener Abend mit Freunden beginnt mit jener halben Stunde, die Sie für sich selbst benötigen.
Wer will schon die Gäste in einer alten Jeans begrüßen, nur weil man es eben erst geschafft hat, den Zwiebelkuchen in den Backofen zu schieben?
Gute Planung und Organisation ist alles - und sie ist eine Kunst. Dank meiner langjährigen Erfahrungen als Gastgeberin weiß ich, wie hilfreich eine optimale Planung ist, und um wieviel mehr Sie den Abend genießen können, wenn Sie sicher sein können, daß alles klappt. Deshalb habe ich meine Erfahrungen in diesem Buch zusammengefaßt, in dem Sie neben zahlreichen Rezeptanregungen vor allem praktische Hinweise für die Vorbereitung und viele wichtige Tips zur Gestaltung einer Feier finden werden.
Meister- und Fernsehkoch Alfons Schuhbeck, mit dem ich schon seit vielen Jahren zusammenarbeite, wird übrigens in seiner Fernsehserie »Genießen erlaubt« Tips, Tricks und Rezepte aus meinem Buch weitergeben. Und dabei wird er hoffentlich seine ganz persönlichen Party-Erfahrungen verraten.
Allen, die genauso gerne feiern wie ich, wünsche ich viele gelungene Feste im Kreise lieber Gäste

Ihre Monika Kellermann

TAFEL-RUNDEN FÜR FAMILIEN-FESTE UND GUTE FREUNDE

Mit sympathischen Menschen um einen Tisch sitzen, gemütlich essen und plaudern – was gibt es Schöneres? Auf den nachfolgenden Seiten finden Sie zahlreiche Anregungen, wie Sie mit der richtigen Menüplanung die Familie, liebe Freunde und natürlich auch sich selbst verwöhnen können.
Keine Panik vor Familienfeiern, seien es runde Geburtstage, Taufe, Kommunion oder Konfirmation. Gut geplant, ist das alles halb so aufregend.
Aber auch ohne große Anlässe macht es Spaß, sich mit Freunden an den Tisch zu setzen und gemeinsam zu essen: Asiatisches im Wok zu brutzeln, Pasta mit diversen Sughi zu genießen oder sich einfach mal zu einer anregenden Unterhaltung bei Kaffee und Kuchen zu treffen.

ITALIENISCHES MENÜ

Eine Einladung zum Essen in den eigenen vier Wänden läßt man meist nur guten Freunden zuteil werden, denn immer ist sie mit Arbeit und Aufregung verbunden. Gelingen die Rezepte? Wird das Menü rechtzeitig fertig? Und schmeckt das Angebotene wohl allen Gästen? Mit diesem Menü kann eigentlich nichts schief gehen, da einige Gerichte in aller Ruhe vorbereitet werden können. So haben Sie während des Essens die nötige Ruhe und Gelassenheit, sich Ihren Gästen zu widmen.

ITALIENISCHES MENÜ FÜR 4 PERSONEN

Batavia-Rucola-Salat mit Gorgonzola-Dressing

Erbsensuppe mit Minze

Kalbsnuß in Milch geschmort, Tagliatelle und glasierte Möhren

Beerensalat mit Mascarponecreme

PLANUNG UND VORBEREITUNG

Am Vormittag der Einladung

- Salat putzen, waschen und in mundgerechte Stücke zupfen.
- Orangen schälen und filetieren.
- Salat-Dressing zubereiten.
- Beerensalat und Mascarponecreme zubereiten und getrennt zugedeckt im Kühlschrank aufbewahren.
- Möhren putzen und so zubereiten, daß sie beim Erwärmen nicht zu weich werden.
- Erbsensuppe kochen und bis zum Essen kühl stellen.
- Getränke kalt stellen.

Abbildung: Rustikale Gläser und ein üppiger Blumenstrauß zaubern italienische Stimmung auf den Tisch

Einige Stunden vorher

- Kalbfleisch zubereiten, in den Backofen stellen und bei schwacher Hitze langsam garen.
- Den Tisch decken.
- Nun haben Sie noch ausreichend Zeit, um sich frisch zu machen.

Kurz vor Eintreffen der Gäste

- Das Fleisch aus der Sauce nehmen und mit Alufolie umhüllen. Die Sauce einkochen lassen.

Nach Eintreffen der Gäste

- Aperitif anbieten, eventuell Grissini und Oliven dazu reichen.
- Anschließend den Salat anmachen, auf 4 Tellern appetitlich anrichten.
- Während die Vorspeise gegessen wird, die Suppe erwärmen und reichlich Salzwasser für die Nudeln zum Kochen bringen.
- Erbsensuppe mit dem Stabmixer kurz aufschäumen, in Tassen füllen und mit Minze bestreuen.
- Nachdem die Suppe gegessen ist, Tagliatelle in 3-4 Minuten al dente kochen. Fleischsauce mit dem Stabmixer aufschäumen. Möhren kurz erwärmen und mit Petersilie bestreuen. Fleisch aufschneiden, auf einer vorgewärmten Platte anrichten. Gemüse und Nudeln jeweils in eine Schüssel geben und die Sauce in eine Sauciere füllen.
- Nach einer ausgiebigen Pause den Beerensalat auf 4 Teller verteilen und mit je einem Löffel Mascarponecreme anrichten. Mit Pistazien bestreuen.

Getränkeempfehlung

- Als Aperitif paßt Campari Soda oder ein Glas Prosecco.
- Ein idealer Begleiter für Vorspeise, Suppe und Hauptgang ist ein trockener, aber finessenreicher Weißwein, z. B. ein eleganter, bouquetreicher Sauvignon blanc aus Friaul.
- Zum Dessert paßt Asti Spumante.
- Zum Abschluß des Essens einen Espresso mit Amaretti anbieten.

Dekovorschlag

Die Tischdekoration darf einen italienischen Touch haben und sollte dennoch elegant wirken. Kerzen sorgen für romantische Stimmung. Anstelle üppigen Blumenschmucks kann auch ein Efeuzweig sehr effektvoll sein.

TIP

Frische Tagliatelle von bester Qualität kann man in guten Feinkostgeschäften sowohl offen als auch abgepackt kaufen.
Wer Zeit hat und gerne kocht, bereitet die Pasta natürlich selbst zu: Als Beilage für 4 Personen 300 g Mehl mit 3 Eiern, etwas Salz und einigen Tropfen Öl zu einem glatten Nudelteig verkneten. Mit einer Nudelmaschine dünn ausrollen, dann in ½ cm breite Streifen schneiden und etwas trocknen lassen. Das kann auch gut am Vortag geschehen.

REZEPTE FÜR 4 PERSONEN

Batavia-Rucola-Salat mit Gorgonzola-Dressing

ZUTATEN
1 kleiner Kopf Bataviasalat, 1 Bund Rucola, 2 Orangen, 1 Handvoll Sprossenmischung
Salatsauce: 30 g Gorgonzola, 1 EL Crème fraîche, 2 EL Weißweinessig, Salz, Pfeffer, 2 EL Keimöl
Außerdem: 2 EL geröstete Sonnenblumenkerne

ZUBEREITUNG
- Bataviasalat putzen, waschen und die Blätter in mundgerechte Stücke teilen. Rucola verlesen, waschen und trocken schütteln.
- Die Orangen mit einem scharfen Messer so schälen, daß die weiße Haut rundherum entfernt ist. Die Fruchtfilets zwischen den Trennhäuten herauslösen. Den dabei austretenden Saft auffangen und für das Dressing aufbewahren.
- Sprossen waschen, gut abtropfen lassen und mit Salatblättern und Orangenspalten vermischen.
- Gorgonzola mit einer Gabel fein zerdrücken und unter Rühren mit einem kleinen Schneebesen die übrigen Zutaten hinzufügen.
- Kurz vor dem Servieren den Salat mit dem Dressing anmachen, auf 4 Teller verteilen und mit Sonnenblumenkernen bestreuen.

TIP
Anstelle der Orangenspalten Grapefruitspalten unter den Salat mischen. Köstlich schmeckt der Salat auch mit frischen dünnen Apfel- oder Birnenspalten und mit gerösteten Pinienkernen bestreut.

Erbsensuppe mit Minze

ZUTATEN
2 Schalotten, 30 g Butter, 300 g Tiefkühl-Erbsen, 1 Prise Zucker, Salz, weißer Pfeffer, 400 ml Hühnerbrühe, 1 EL trockener Martini, 100 ml Sahne, 4 EL geschlagene Sahne, einige Minzeblätter

ZUBEREITUNG
- Schalotten schälen, in kleine Würfel schneiden und in der Butter glasig dünsten.
- Die Erbsen dazugeben und kurz mit anschwitzen. Mit Zucker, Salz und Pfeffer würzen, mit der Hühnerbrühe aufgießen und zugedeckt ca. 10 Minuten köcheln lassen.
- Die Suppe mit einem Stabmixer oder in einem Mixer fein pürieren. Durch ein Sieb streichen und zurück in den Topf gießen. Martini und die Sahne dazugießen und etwas einkochen lassen.
- Kurz vor dem Servieren mit dem Stabmixer noch einmal aufschäumen. Auf 4 Suppentassen verteilen, jeweils 1 Teelöffel geschlagene Sahne schlierenartig unterrühren. Mit der in Streifen geschnittenen Minze bestreuen.

Glasierte Möhren

ZUTATEN
2 Bund junge Möhren, 50 g Butter, ½ TL Zucker, 4–6 EL Kalbsfond, 1 EL Marsala, Salz, 2 EL frisch gehackte Petersilie

ZUBEREITUNG
- Möhren waschen, schälen und in dünne Scheiben schneiden.
- Butter und Zucker leicht karamelisieren lassen und die Möhren darin andünsten. Mit etwas Kalbsfond und Marsala begießen, salzen und zugedeckt bei schwacher Hitze 6 bis 8 Minuten garen. Dabei den Topf gelegentlich schwenken. Mit Petersilie bestreut servieren.

Kalbsnuß in Milch geschmort

ZUTATEN
800 g Kalbsnuß, Salz, Pfeffer, 20 g Butter, 2 EL Olivenöl, 3 Schalotten, 2 Knoblauchzehen, 2 Thymianzweige, 1 Rosmarinzweig, 2 EL Aceto Balsamico, ½ l Vollmilch, ⅛ l Sahne

ZUBEREITUNG
- Backofen auf 150° C vorheizen.
- Das Fleisch mit Salz und Pfeffer einreiben.
- Butter und Öl in einem Schmortopf erhitzen und das Fleisch rundherum scharf anbraten. Die geschälten, in grobe Stücke geschnittenen Schalotten und Knoblauchzehen sowie die Kräuterzweige dazugeben. Mit Essig ablöschen und einkochen lassen.
- Nach und nach mit der Milch begießen und einmal aufkochen lassen. Zugedeckt in den vorgeheizten Backofen stellen und etwa 2 Stunden bei sanfter Hitze weich schmoren.
- Das Fleisch herausnehmen und mit Alufolie umhüllt warm halten. Die Kräuter aus der Sauce fischen. Die Sauce mit dem Stabmixer pürieren, durch ein feines Sieb passieren und erneut zum Kochen bringen. Die Sahne dazugießen und sämig einkochen lassen.
- Das Fleisch in Scheiben schneiden und auf einer vorgewärmten Platte anrichten. Die Sauce vor dem Servieren mit dem Stabmixer nochmals kurz aufschäumen und in eine Sauciere füllen.

TIP
Der Schmortopf für den Kalbsbraten sollte nicht zu groß sein, damit nicht zu viel Flüssigkeit verdampft und die Sauce ausflockt.

Abbildungen: Bataviasalat, Beerensalat, Erbsensuppe, bunter Tischschmuck, Kalbsnuß, Gorgonzola-Dressing mit Sonnenblumenkernen (von links oben nach rechts unten)

Beerensalat mit Mascarponecreme

ZUTATEN
Beerensalat: 250 g Erdbeeren (am besten Walderdbeeren), 250 g Himbeeren, 150 g Brombeeren, je 100 g rote und schwarze Johannisbeeren, 2 EL schwarzes Johannisbeergelee, 4 cl Cassis
Creme: 250 g Mascarpone, 2 EL Vanillezucker, Schale und Saft von 1 unbehandelten Orange, 2 EL Orangenlikör, 2 EL steif geschlagene Sahne, etwas Puderzucker, 2 EL gehackte Pistazien

ZUBEREITUNG
- Erdbeeren waschen, entkelchen, Himbeeren und Brombeeren verlesen und mit den Erdbeeren in eine Schüssel geben.
- Die Johannisbeeren von den Rispen streifen und mit dem Johannisbeergelee im Mixer pürieren. Durch ein Sieb streichen und mit dem Likör verrühren. Das Fruchtpüree mit den Beeren vermischen und zugedeckt im Kühlschrank durchziehen lassen.
- Für die Creme den Mascarpone mit Vanillezucker, fein abgeriebener Orangenschale, dem ausgepreßten Saft sowie dem Orangenlikör verrühren. Zum Schluß die geschlagene Sahne locker unter die Creme ziehen.
- Puderzucker gleichmäßig auf 4 große Teller sieben. Je 1 Portion Beerensalat in die Mitte häufen und je einen Klecks Mascarponecreme an die Seite geben. Mit Pistazien bestreuen.

TIP

Sehr fein schmeckt der Beerensalat auch mit Vanilleeis, halb steif geschlagener, gesüßter Sahne oder Vanillesauce. Das Mischungsverhältnis der Beeren hängt von der jeweiligen Saison und dem persönlichen Geschmack ab.

FESTLICHES MENÜ FÜR FAMILIENFEIERN

Taufe, Kommunion oder Konfirmation, runde Geburtstage – Gelegenheiten für Familienfeiern gibt es genügend. Zu Hause ist eine Feier meist am schönsten und – haben Sie alles gut geplant und ein Menü ausgewählt, bei dem sich viel vorbereiten läßt – wird Ihnen das Fest gut gelingen. Da bei diesen Festen natürlich auch Kinder und ältere Menschen am Tisch sitzen, wählen Sie am besten keine zu ausgefallenen Gerichte, damit das Menü möglichst allen schmeckt.

FESTLICHES MENÜ FÜR 12 PERSONEN

Gemüsesülze mit Thunfisch und Schnittlauchmayonnaise

Rinder-Kraftbrühe mit Wiener Schöberl

Kalbsrollbraten mit Semmel-Kräuterfülle, Knödelrolle und Wirsinggemüse

Weiße Mousse au chocolat auf Orangenragout, dazu zartes Hippengebäck

PLANUNG UND VORBEREITUNG

Am Vortag

- Gemüsesülze zubereiten und kalt stellen.
- Rinderbrühe kochen.
- Schöberl backen.
- Semmelfülle für Rollbraten und Knödelrolle zubereiten.
- Rollbraten füllen, verschnüren und zugedeckt in den Kühlschrank stellen. Die Knödelrolle garen.
- Die Mousse vorbereiten und kalt stellen. Orangen filetieren, den Saft sirupartig einkochen lassen und die Fruchtspalten darin marinieren.

Einige Stunden vorher

- Fleisch anbraten und garen.
- Wirsing vorbereiten.
- Schokoladensahne aufschlagen und erneut kühl stellen.
- Die Tafel festlich decken.
- Sülze in Scheiben schneiden und Schnittlauchmayonnaise zubereiten.

Kurz vor Eintreffen der Gäste

- Das Fleisch mit Alufolie umhüllt warm halten. Die Sauce durch ein Sieb streichen und, falls nötig, ein wenig einkochen lassen.
- Semmelrolle mit der Umhüllung in heißem Wasser erwärmen.
- Wirsing mit Specksauce mischen.

Beim Eintreffen der Gäste

- Aperitif anbieten.
- Vorspeise anrichten und servieren.
- Wirsing erhitzen, Semmelrolle und Fleisch in Scheiben schneiden und auf Platten anrichten. Gemüse in Schüsseln verteilen und die Sauce in zwei Saucieren füllen. Auftragen.
- Dessert anrichten und kühl stellen.

Getränkeempfehlung

- Als Aperitif Sekt mit Pfirsich-, Erdbeer- oder Himbeerpüree.
- Zur Vorspeise paßt z. B. ein Weißburgunder aus Baden.
- Zum Hauptgang eignet sich z. B. ein Blaufränkisch aus Österreich.

REZEPTE FÜR 12 PERSONEN

Gemüsesülze mit Thunfisch und Schnittlauchmayonnaise

ZUTATEN

500 g frisches Gemüse (z. B. Broccoli), weiße Spargelstangen, junge Möhren, Erbsen, Salz, 400 g Thunfisch aus der Dose (naturell), 12 Blatt weiße Gelatine, 800 ml Gemüsefond, 4–6 EL Weißweinessig, 250 g Mayonnaise, 1 TL feinwürziger Senf, Pfeffer, 2 EL Zitronensaft, 100 g Vollmilchjoghurt, 1 Bund Schnittlauch, 2 EL geschlagene Sahne, 1 Bund Brunnenkresse, 12 Cocktailtomaten, 6 hart gekochte Wachteleier

ZUBEREITUNG

• Gemüse putzen, waschen, falls nötig, schälen und in kleine Stücke schneiden. In kochendem Salzwasser bißfest kochen. Eiskalt abschrecken und gut abtropfen lassen. Thunfisch in kleine Stücke zupfen.

• Gelatine kalt einweichen. Ein Drittel des Gemüsefonds erhitzen und die gut ausgedrückten Gelatineblätter darin nach Anleitung auflösen. Mit dem restlichen Fond vermischen und mit Essig und Salz abschmecken.

• In eine Kastenform von 1½ l Inhalt etwa ½ cm hoch die Gelierflüssigkeit gießen und erstarren lassen. Dann abwechselnd Gemüse und Thunfischstückchen hineinschichten und mit der restlichen Gelierflüssigkeit aufgießen. Das Gemüse muß völlig bedeckt sein. Im Kühlschrank mindestens 4 Stunden, am besten über Nacht, erstarren lassen.

• Mayonnaise mit Senf, Salz, Pfeffer und Zitronensaft verrühren und den Joghurt unterrühren. Vor dem Servieren den fein geschnittenen Schnittlauch und die Sahne unterziehen.

• Sülze mit einem elektrischen Messer in 12 Scheiben schneiden und mit Kresse, Tomatenvierteln, halbierten Wachteleiern und der Mayonnaise auf den Tellern anrichten.

Rinder-Kraftbrühe mit Wiener Schöberl

ZUTATEN

Brühe: 1 kg Rindfleisch (z. B. Beinscheibe), 500 g Rinderknochen, 4 l Wasser, 2 Bund Suppengrün, 1 Zwiebel, Salz, einige Pfefferkörner
Schöberl: 50 g Butter, 2 Eier, 200 ml Milch, 200–250 g Mehl, Salz, Muskat, Fett für die Förmchen, Schnittlauch zum Bestreuen

ZUBEREITUNG

• Fleisch und Knochen mit kaltem Wasser in einen großen Suppentopf geben. Zum Kochen bringen und ca. 1 Stunde offen köcheln lassen.

• Klein geschnittenes Suppengrün, halbierte Zwiebel, Salz und Pfefferkörner dazugeben und etwa 2 Stunden bei schwacher Hitze ziehen lassen.

• Die Brühe durch ein Sieb gießen, erkalten lassen, dann entfetten.

• Für die Schöberl die weiche Butter mit den Eiern verrühren und abwechselnd immer etwas Milch und Mehl dazugeben. So lange rühren, bis ein cremiger, glatter Teig entsteht. Mit Salz und Muskat würzen. Backofen auf 200° C vorheizen.

• Den Teig in gefettete Schöberl- oder Mohrenkopfformen füllen und im heißen Backofen etwa 20 bis 25 Minuten goldbraun backen.

• Pro Person ein Schöberl in einen Suppenteller geben, mit kochend heißer Brühe begießen und mit fein geschnittenem Schnittlauch bestreuen.

TIP

Schöberl sind für Einladungen eine ideale Suppeneinlage, da sie am Vortag zubereitet werden können, ohne daß sie etwas von ihrem feinen Geschmack einbüßen. Am besten bewahrt man sie in einem luftdicht verschließbaren Gefäß oder einem Kunststoffbeutel auf, damit sie nicht austrocknen.

Kalbsrollbraten mit Semmel-Kräuterfülle und Knödelrolle

ZUTATEN

3 kg Kalbsbraten von der Brust oder aus der Keule vom Metzger zum Füllen vorbereiten lassen, Salz, Pfeffer, 12 altbackene Brötchen, 1 l heiße Milch, 2 Zwiebeln, 100 g durchwachsener Räucherspeck, 60 g Butter, 200 g Kalbsbrät, 1 Bund gemischte Frühlingskräuter, 5 Eier, 2 Bund Suppengrün, 2 Zwiebeln, ca. 1 l Wasser zum Aufgießen, ¼ l Sahne

ZUBEREITUNG

• Fleisch flach klopfen und mit Salz und Pfeffer würzen.

• Brötchen in Scheiben schneiden und mit heißer Milch begießen. Geschälte Zwiebeln und Räucherspeck in kleine Würfel schneiden und in 20 g Butter andünsten. Mit dem Kalbsbrät zu den eingeweichten Brötchen geben, gehackte Kräuter und Eier hinzufügen. Alles gründlich vermischen.

• Einige Löffel davon auf das Fleisch streichen, aufrollen und mit Küchengarn umwickeln. Restliche Knödelmasse zu 2 Rollen von 5 cm formen. Einzeln mit geölter Alufolie umwickeln, die Enden verschließen und in kochendem Wasser ca. 20 Minuten garen. Ofen auf 200° C vorheizen.

• Restliche Butter in einem Bräter erhitzen und den Braten darin anbraten. Suppengrün und geschälte Zwiebeln klein schneiden und mit anschwitzen. ½ Liter Wasser angießen und zugedeckt im heißen Backofen etwa 1 Stunde schmoren lassen. Ohne Deckel weitere 1½ Stunden goldbraun braten. Dabei mit restlichem Wasser begießen und das Fleisch gelegentlich mit Schmorflüssigkeit beschöpfen.

• Fleisch herausnehmen und mit Alufolie umwickeln. Bratenfond durch ein Sieb streichen, Sahne dazugeben und sämig einkochen lassen. Knödelrolle auswickeln und in Scheiben schneiden.

Wirsinggemüse in Speck-Sahne-Sauce

ZUTATEN
2 große Wirsingköpfe, etwas Salz, 200 g durchwachsener Räucherspeck, ¼ l Sahne, Muskat, Pfeffer, 1 Bund glatte Petersilie

ZUBEREITUNG
• Von den Wirsingköpfen die äußeren welken Blätter entfernen, die Köpfe halbieren und jeweils den Strunk entfernen. Die Hälften in kleine Würfel schneiden und in kochendem Salzwasser einige Minuten blanchieren. Auf einem Durchschlag abtropfen lassen und in eisgekühltem Wasser abschrecken. Gut abtropfen lassen.
• Den Räucherspeck in sehr kleine Würfel schneiden und in einem Schmortopf glasig braten. Die Sahne dazugießen und um die Hälfte einkochen lassen.
• Den vorgegarten Wirsing untermischen und noch einige Minuten garen lassen. Mit Salz, Muskat und Pfeffer herzhaft würzen und mit frisch gehackter Petersilie bestreuen.

TIP
Auch wenn es ein Arbeitsgang mehr ist, tauchen Sie den blanchierten Wirsing unbedingt in reichlich kaltes, mit Eiswürfeln vermischtes Wasser. Nur so behält das Gemüse seine appetitlich grüne Farbe.
Findet Ihr Fest im Frühjahr statt, verwenden Sie anstelle des Wirsings grünen und weißen Spargel oder junge Möhren und Zuckerschoten. Im Hochsommer paßt auch grüner Salat mit Radieschen vorzüglich dazu.

Abbildungen: Gemüsesülze mit Thunfisch, Kalbsroulade mit Semmelfüllung, weiße Mousse au chocolat

Weiße Mousse au chocolat auf Orangenragout

ZUTATEN
Mousse: 500 g weiße Schokolade, 800 ml Sahne, 6 cl Orangenlikör
Ragout: 8 Orangen, 4 EL Puderzucker, 4 cl Orangenlikör, 1 unbehandelte Orange, 12 Zweige Zitronenmelisse, zartes, fertig gekauftes Hippengebäck

ZUBEREITUNG
• Schokolade in kleine Stücke brechen und mit der Sahne in eine Sauteuse geben. Bei schwacher Hitze schmelzen lassen. Die Sahne darf dabei auf keinen Fall kochen. Den Likör dazugießen und kräftig durchrühren. Zugedeckt über Nacht in den Kühlschrank stellen.
• Für das Ragout 6 Orangen so schälen, daß die weiße Haut völlig entfernt ist. Die Fruchtsegmente mit einem scharfen Messer herauslösen. Den dabei entstehenden Fruchtsaft auffangen und mit dem Saft der 2 restlichen Orangen sowie dem Puderzucker zum Kochen bringen. Bei starker Hitze sirupartig einkochen lassen. Likör und Fruchtspalten untermischen und einige Stunden marinieren.
• Vor dem Servieren die Schokosahne cremig aufschlagen.
• Orangenragout auf Teller verteilen, mit zwei nassen Eßlöffeln Nocken formen und auf den Früchten anrichten. Die unbehandelte Orange heiß abwaschen, mit einem Zestenreißer feine Streifen abziehen und über das Dessert streuen. Mit Zitronenmelissezweigen garnieren und mit Hippengebäck servieren.

TIP
Die Creme mit dem elektrischen Handrührgerät zuerst nur auf kleinster Stufe schlagen, damit möglichst viel Luft in die Creme gelangt. Zum Schluß bei höchster Stufe kurz durchschlagen. Wenn kleine Kinder mitessen, den Orangenlikör weglassen.

WEIHNACHTSMENÜ

Alle Jahre wieder das gleiche Problem: Was kocht man zu Weihnachten? Festlich soll es sein, jedem Geschmack gerecht werden, und dennoch möchten Sie als Hausfrau nicht stundenlang nur in der Küche stehen. Hier ein Vorschlag, der Geflügel-, Fisch- und Wildfans gleichermaßen zufriedenstellt. Und der Duft frisch zubereiteter Bratäpfel versetzt alle in weihnachtliche Stimmung.

WEIHNACHTSMENÜ FÜR 6 PERSONEN

Gänseleberparfait auf Linsensalat

Lauchsuppe mit geräuchertem Forellenfilet und Forellen-Kaviar

Hasenrücken mit Morchelrahmsauce

Schupfnudeln mit Haselnüssen, Rosenkohl und Preiselbeeren

Bratäpfel mit Vanilleeis

PLANUNG UND VORBEREITUNG

Am Vortag

- Gänseleberparfait zubereiten.
- Linsensalat zubereiten.
- Lauchsuppe kochen.
- Schupfnudeln zubereiten, kochen und kalt abbrausen. Kalt stellen.
- Rosenkohl kochen und in kaltem Wasser abschrecken.
- Hasenrückenfleisch marinieren und aus den Knochen einen Fond kochen.
- Morcheln einweichen.
- Bratapfelfüllung vorbereiten.
- Alles zugedeckt kalt stellen.

Abbildungen: Gänseleberparfait, Lauchsuppe, edle Butterdose (linke Seite); weihnachtliche Stimmung, Hasenrücken mit Morchelrahm (rechte Seite)

Einige Stunden vorher

- Morcheln auf ein Sieb schütten, Flüssigkeit aufbewahren. Morcheln säubern und andünsten.
- Rotwein öffnen.
- Äpfel entkernen, füllen und in die gefettete Form setzen.
- Wildfond mit Sahne etwas einkochen lassen.
- Den Tisch weihnachtlich decken.
- Vorspeise anrichten.
- Kurz vor dem Essen die Hasenfilets braten und in Alufolie hüllen.

Nach Eintreffen der Gäste

- Suppe erwärmen, mit dem Stabmixer aufschäumen und anrichten.
- Morcheln in die Sauce geben und durchkochen lassen. Das Fleisch aufschneiden und mit Schupfnudeln und Rosenkohl anrichten. Morchelsauce und Preiselbeeren dazu reichen.
- Nach dem Hauptgang die Äpfel in den Backofen stellen. Nach etwa 20–30 Minuten kann dem köstlichen Duft kaum noch jemand widerstehen. Die Äpfel mit Vanilleeis servieren.

Getränkeempfehlung

- Zur Vorspeise paßt z. B. eine Riesling Spätlese aus dem Rheingau.
- Zum Hauptgang ist ein nicht zu schwerer Rotwein, z. B. ein reifer Barbera, ideal.
- Ein Gläschen Calvados ergänzt das Dessert vorzüglich.
- Für Kinder und alle, die keine alkoholischen Getränke mögen, ist roter Traubensaft ein passendes Getränk.

Dekovorschlag

In keiner anderen Jahreszeit bekommt man derart viele Anregungen für Tischschmuck wie zur Weihnachtszeit. Lassen Sie sich inspirieren!

- Auf einer dunkelroten Tischdecke kommen Tannenzweige und großzügig über den Tisch gestreutes, goldenes Lametta sehr gut zur Geltung.
- Auf einer dunkelblauen Tischdecke zaubern goldene oder silberne Glitzersterne und ein wenig Engelshaar romantische Weihnachtsstimmung.
- Schön wirkt auch eine weiße Spitzendecke, auf der man goldene Engel und Sterne verteilt. In die Mitte kommt eine Schale mit Christrosen. Weißes Geschirr mit Goldrand ist da die perfekte Ergänzung.

Gänseleberparfait auf Linsensalat

ZUTATEN

Parfait: 400 g frische, gesäuberte Gänseleber, 2 EL Öl, Salz, Pfeffer, gerebelter Thymian, 4 cl Cognac, 50 g Butter, 100 g Rahm-Frischkäse
Salat: 1 Dose gekochte Tellerlinsen (400 ml), 1 TL Dijonsenf, 2–3 EL Rotweinessig, 3 EL Öl, 1 EL Nußöl, 1 EL gehackte Petersilie, 200 g gemischte Salatblätter

ZUBEREITUNG

- Die Leber in Stücke teilen und in heißem Öl 4 bis 6 Minuten anbraten, aber nicht bräunen lassen. Würzen, mit Cognac aufgießen und einkochen lassen. Im Mixer pürieren und durch ein feines Sieb streichen. Kalt stellen.
- Nach und nach Butter und den Frischkäse unterrühren, in eine Form füllen und zugedeckt kalt stellen.
- Linsen abtropfen lassen und mit der Vinaigrette aus Senf, Essig, Salz und Ölen anmachen. Mit Petersilie bestreuen.
- Salatblätter auf den Tellern verteilen, den Linsensalat darauf häufen und mit zwei nassen Eßlöffeln Nocken vom Gänselberparfait abstechen und darauf anrichten.

REZEPTE FÜR 6 PERSONEN

Lauchsuppe mit geräuchertem Forellenfilet und Forellen-Kaviar

ZUTATEN
2 Lauchstangen (ca. 400 g), 1 mittelgroße, mehlig kochende Kartoffel, 40 g Butter, 1 l Geflügelbrühe, Salz, weißer Pfeffer, Muskat, 200 ml Sahne, 200 g geräuchertes Forellenfilet, 2 EL geschlagene Sahne, 50 g Forellen-Kaviar, einige Kerbelzweige

ZUBEREITUNG
• Von den Lauchstangen die Wurzeln und das grüne Ende entfernen, die Stangen in dünne Scheiben schneiden. Die Kartoffel schälen, in Würfel schneiden und mit dem Lauch in der erhitzten Butter einige Minuten anschwitzen. Mit Geflügelbrühe aufgießen, mit Salz, Pfeffer und Muskat würzen und zugedeckt etwa 20 Minuten köcheln lassen.
• Die Suppe mit dem Stabmixer oder im Mixer fein pürieren, durch ein Sieb streichen und die Sahne unterrühren. Einige Minuten durchkochen lassen, noch einmal abschmecken.
• Das Forellenfilet häuten und in kleine Stücke zerteilen. Dabei noch eventuell vorhandene Gräten entfernen.
• Kurz vor dem Servieren die geschlagene Sahne unter die Suppe ziehen und auf 6 Teller verteilen. Jeweils kleine Stückchen der geräucherten Forelle als Einlage hineingeben. Mit Kaviar und abgezupften Kerbelblättchen bestreuen.

TIP
Den Forellen-Kaviar kann man auch durch Keta-Kaviar ersetzen und das Forellenfilet durch andere Räucherfischfilets, z. B. von Makrele, Stör oder Renke.

Abbildungen: weihnachtlicher Tischschmuck, Bratäpfel, edles Silberbesteck für festliche Anlässe

Hasenrücken mit Morchelrahmsauce

ZUTATEN
2 Hasenrücken à 600 g, 10 Wacholderbeeren, 6 Pfefferkörner, abgeriebene Schale von 1 unbehandelten Orange, 1 Msp Nelkenpulver, 1 EL Thymianblätter, 6 EL Keimöl, 2 EL Portwein, 2 Bund Suppengrün, 1 Thymianzweig, ¾ l Rotwein, Salz, 50 g getrocknete Morcheln, ¼ l lauwarme Milch, ¼ l Wasser, 30 g Butter, 2 cl Cognac, ¼ l Sahne , 2 EL frisch gehackte Petersilie

ZUBEREITUNG
• Hasenrücken beim Metzger auslösen und parieren lassen und die Knochen klein gehackt mitnehmen.
• Die Gewürze im Mörser zerstoßen und die Fleischstränge damit einreiben. Über Nacht marinieren.
• 2 EL Öl erhitzen, die Knochen darin scharf anbraten. Mit Portwein ablöschen und einkochen lassen. Klein geschnittenes Suppengrün und Thymian zugeben und mit anbraten. Mit Wein aufgießen, salzen und 30 Minuten köcheln lassen. Durch ein Sieb passieren und den entstandenen Fond auf ¼ Liter einkochen lassen. Morcheln in Milch und Wasser einweichen, dann auf einem Haarsieb abgießen, dabei die Einweichflüssigkeit aufbewahren. Die Morcheln säubern.
• Restliches Öl und Butter erhitzen, die Hasenfilets darin etwa 8 Minuten rundherum anbraten. Salzen und mit Alufolie umhüllt warm stellen. Bratfett abgießen, Bratenfond mit Cognac ablöschen und etwas einkochen lassen. Mit Wildfond und ⅛ l Morcheleinweichflüssigkeit aufgießen und um die Hälfte reduzieren. Sahne und Morcheln hinzufügen und sämig einkochen lassen.
• Hasenfilets schräg aufschneiden, auf einer Platte anrichten. Mit etwas Morchelrahm begießen, mit Petersilie bestreuen. Restliche Sauce getrennt dazu servieren.

Schupfnudeln mit Haselnüssen

ZUTATEN
1,5 kg mehlig kochende Kartoffeln, 220–250 g Mehl, 3 Eier, Salz, Pfeffer, Muskat, 50 g Butter, 1 EL Öl, 100 g in Scheiben geschnittene Haselnüsse

ZUBEREITUNG
- Die Kartoffeln garen, schälen und sofort durch eine Kartoffelpresse drücken. Abkühlen lassen.
- Mehl und Eier dazugeben und rasch zu einem glatten, geschmeidigen Teig verkneten. Mit Salz, Pfeffer und Muskat würzen.
- Mit bemehlten Händen kleinfingerdicke und -große Rollen mit spitz zulaufenden Enden daraus formen.
- Reichlich Salzwasser in einem flachen, breiten Topf zum Kochen bringen und die Schupfnudeln portionsweise 4 bis 5 Minuten darin ziehen lassen. Sie sind gar, wenn sie zur Oberfläche aufsteigen. Mit einem Schaumlöffel herausheben und gut abtropfen lassen.
- Butter und Öl am besten in einer Eisenpfanne erhitzen und die Haselnüsse darin goldgelb rösten.
- Die Schupfnudeln hinzufügen und unter Schwenken der Pfanne goldgelb braten.

TIP
Wenn die Schupfnudeln nicht sofort gebraten werden, gibt man sie nach dem Garen einige Minuten in kaltes Wasser und läßt sie dann auf einem Durchschlag abtropfen. Auf diese Weise können sie schon am Vortag zubereitet oder auch auf Vorrat eingefroren werden.

Rosenkohlgemüse

ZUTATEN
1,2 kg möglichst kleine Rosenkohlröschen, Salz, 100 g durchwachsener Räucherspeck, 1 Zwiebel, 3 EL Keimöl, Pfeffer, Muskat, 2 EL gehackte Petersilie

ZUBEREITUNG
- Von den Rosenkohlröschen die äußeren welken Blätter entfernen. Den Strunk kreuzweise mit einem kleinen Messer einschneiden.
- In kochendem Salzwasser je nach Größe der Röschen 8 bis 10 Minuten kochen. Anschließend in eiskaltem Wasser abschrecken und auf einem Durchschlag abtropfen lassen.
- Den Räucherspeck und die geschälte Zwiebel in kleine Würfel schneiden.
- Das Öl in einer Pfanne erhitzen und Speck und Zwiebeln darin glasig dünsten. Rosenkohl dazugeben, mit Salz, Pfeffer und Muskat würzen und einige Minuten unter Schwenken des Topfes erhitzen. Mit Petersilie bestreuen.

TIP
Statt Rosenkohlgemüse kann man zu dem köstlichen Wildgericht natürlich auch Rotkohl- oder Wirsinggemüse, glasierte Maroni oder ein leckeres Selleriepüree reichen.
Eine gute Ergänzung zu diesem Menü ist in jedem Fall ein herbfruchtiges Preiselbeerkompott.

Bratäpfel mit Vanilleeis

ZUTATEN
Füllung: 80 g Amaretti, 4 getrocknete Aprikosen, 3 EL Rosinen, 6 cl Aprikosengeist oder Aprikosennektar,
Außerdem: 6 große aromatische Äpfel, am besten Boskop oder Cox Orange, 50 g Butter, 30 g Mandeln, ⅛ l halbtrockener Weißwein oder Apfelsaft, 6 Kugeln Vanilleeis

ZUBEREITUNG
- Amaretti und Aprikosen in kleine Würfel schneiden, die Rosinen hinzufügen und mit Aprikosengeist oder Aprikosennektar begießen. Etwa 30 Minuten durchziehen lassen.
- Backofen auf 200° C vorheizen.
- Die Äpfel waschen, einen Deckel mitsamt dem Stiel abschneiden und mit einem Fruchtentkerner die Kerngehäuse entfernen. Die Äpfel nebeneinander in eine mit 20 g Butter ausgefettete, feuerfeste Form stellen.
- Die Mandeln grob hacken, unter die Amarettimasse mischen und mit einem kleinen Löffel in die Apfelöffnungen füllen. Restliche Füllung um die Äpfel verteilen.
- Die Äpfel mit Flöckchen aus der restlichen Butter belegen und auf der mittleren Schiene des vorgeheizten Backofens, je nach Größe und Sorte, 20 bis 30 Minuten braten. Nach etwa 10 Minuten mit Wein oder Apfelsaft begießen.
- Das Fruchtfleisch der Äpfel muß weich sein und fast zerfallen.
- Die Bratäpfel auf Teller verteilen und mit je einer großen Kugel Vanilleeis servieren.

TIP
Besonders feierlich und zur Weihnachtszeit passend sehen die Bratäpfel aus, wenn man sie mit 6 cl erwärmtem Rum begießt, anzündet und brennend serviert.

SPARGELESSEN

Jedes Jahr im Mai und Juni heißt die beste Idee für eine Einladung: frisch gestochene Spargelstangen. Es gibt nur wenige Genießer, die diesem königlichen Gemüse widerstehen können. Passend zu der kulinarischen Wonnezeit gibt es danach natürlich ein Dessert mit frischen Erdbeeren.

SPARGELMENÜ FÜR 6 PERSONEN

Kräutersuppe mit Kartoffelcroûtons

Gekochte Spargelstangen

Schinkenplatte

Holländische Sauce, Tomatenvinaigrette, flüssige Butter, neue Kartoffeln

Erdbeeren mit Orangensahne (siehe Tip)

PLANUNG UND VORBEREITUNG

Einige Stunden vorher

- Erdbeeren entkelchen und mit Vanillezucker bestreut kühl stellen.
- Spargel schälen, aus den Schalen einen Fond für die Suppe kochen.
- Suppe zubereiten.
- Tomatenvinaigrette herstellen.
- Kartoffelcroûtons für die Suppe braten.
- Tisch decken.

1 Stunde vorher

- Kartoffeln kochen.
- Schinkenplatte anrichten.
- Sahne schlagen.
- Holländische Sauce zubereiten.

Beim Eintreffen der Gäste

- Aperitif anbieten.
- Die Suppe erwärmen, servieren.
- Den Spargel garen, Kartoffeln in Butter schwenken, Holländische Sauce erwärmen, Butter zerlassen und mit der Schinkenplatte servieren.
- Dessert anrichten und servieren.

Getränkeempfehlung

- Als Aperitif ein Glas Winzersekt.
- Zu Spargel schmeckt ein fränkischer Silvaner, ein Kabinett oder ein Weißburgunder aus Baden.

REZEPTE FÜR 6 PERSONEN

Kräutersuppe mit Kartoffelcroûtons

ZUTATEN

250 g Kartoffeln, 40 g Butter, Salz, weißer Pfeffer, 1 l Spargelbrühe (aus den Schalen gekocht),1 Bund Frühlingskräuter, 200 ml Sahne
Außerdem: 1 geschälte, große Kartoffel, 20 g Butter, 2 EL geschlagene Sahne, 1 EL Kerbelblätter

ZUBEREITUNG

- Geschälte Kartoffeln in Würfel schneiden und in Butter anschwitzen. Würzen, mit der Spargelbrühe aufgießen, ca. 20 Minuten köcheln lassen, dann fein pürieren.
- Kräuter und Sahne pürieren und unter die Suppe rühren.
- Kartoffel in winzige Würfel schneiden, in Butter goldbraun braten.
- Sahne unterziehen, Suppe mit Kartoffelcroûtons und Kerbel bestreuen.

Holländische Sauce

ZUTATEN

120 g Butter, 2 EL Schalottenwürfel, 6 EL Weißwein, 2 EL Estragonessig, 2 Eigelb, Salz, Pfeffer, etwas Zitronensaft

ZUBEREITUNG

- Butter zerlassen. Schalotten, Wein und Essig auf ein Drittel einkochen.
- Eigelb im Wasserbad schaumig schlagen. Den Weinsud durch ein Sieb dazugießen und unter weiterem Schlagen die flüssige Butter tröpfchenweise dazugeben. Abschmecken.

Tomaten-Vinaigrette

ZUTATEN

4 gehäutete und entkernte Tomaten, 4 Frühlingszwiebeln, ½ TL Senf, Salz, 2 EL Kräuteressig, 1 TL Aceto Balsamico, 6 EL Weißwein, 6 EL Olivenöl (extra virgen), 2 EL in Streifen geschnittene Basilikumblätter, Pfeffer

ZUBEREITUNG

- Tomaten und geputzte Zwiebeln in Würfel schneiden.
- Aus den übrigen Zutaten eine Vinaigrette zubereiten. Alles vermischen und mit Pfeffer würzen.

TIP

Für das Dessert 1 kg Erdbeeren halbieren und mit 2 Eßlöffel Vanillezucker bestreuen. ½ l Sahne mit Zucker steif schlagen, mit 4 cl Grand Marnier parfümieren und mit frischen Minzeblättern anrichten.

PASTA-ESSEN

Am gemütlichsten ist ein Pasta-Essen in der Küche. Dort kommt die Pasta ganz frisch auf den Teller, und der Koch kann nebenbei mit seinen Gästen plaudern. Nur leidenschaftliche Kochkünstler sollten sich daran wagen, die Pasta für acht Personen selbst zuzubereiten. Es ist sehr zeitaufwendig! Außerdem gibt es mittlerweile ausgezeichnete Pasta secca und fresca fertig zu kaufen.

PASTA-ESSEN FÜR 8 PERSONEN

Diverse fertige Antipasti

Rucolasalat mit Bresaola

Diverse Pasta und natürlich ihre ganz persönliche Lieblingspasta

Kaninchenragout mit Pfifferlingen

Tomatensauce, Pesto, Gorgonzolasauce

Geeiste Zabaione auf Amaretti

PLANUNG UND VORBEREITUNG

Am Vortag

- Gemüse füllen und garen.
- Kaninchenragout zubereiten.
- Tomatensauce kochen.
- Gorgonzolasauce kochen.
- Pesto herstellen.

Alles zugedeckt kühl stellen.

- Rucola verlesen und in einem angefeuchteten Plastikbeutel aufbewahren.
- Vinaigrette anrühren und in ein Schraubglas füllen.

Einige Stunden vorher

- Zabaione zubereiten, über die getränkten Amaretti gießen und 1 Stunde ins Tiefkühlgerät stellen.
- Tisch decken.

Dekovorschlag

Den Tisch mit einem roten Tischtuch oder Sets decken und darauf verschiedene Nudelsorten streuen. Gut wirken auch Geschirrtücher als Sets. Dazu passen farblich abgestimmte tiefe Teller und nicht zu festliche Weingläser. Ein gemischter Kräuterstrauß ist ein hübscher Tischschmuck.

Getränkeempfehlung

- Als Aperitif ein Aperol-Cocktail.
- Zum Essen ein junger, italienischer Rotwein, z. B. ein Chianti Classico oder ein Bardolino DOC.
- Nach dem Dessert ein Espresso.

Kurz vor Eintreffen der Gäste

- Oliven, eingelegte, getrocknete Tomaten, eingelegte Zwiebeln und Grissini bereitstellen.
- Weißbrot aufschneiden.
- Drinks mixen, Rotwein öffnen.
- Rucolasalat anmachen.

Nach Eintreffen der Gäste

- Während der Aperitif getrunken wird, in zwei großen Töpfen Salzwasser zum Kochen bringen. Die Saucen erhitzen und auf Stövchen stellen. Zwei verschiedene Pastasorten ins Kochwasser geben, und sobald sie al dente sind, kann das Essen losgehen. Restliche Nudeln nach Bedarf kochen und dampfend heiß servieren.

REZEPTE FÜR 8 PERSONEN

Rucolasalat mit Bresaola

ZUTATEN
4–5 Bund Rucola, 1 EL Aceto Balsamico, 1 EL Himbeeressig, Salz, Pfeffer, 4 EL Olivenöl, 2 EL Pinienkernöl, 100 g geröstete Pinienkerne, 100 g hauchdünn geschnittene Bresaola, Saft von 1 Zitrone

ZUBEREITUNG
• Rucola verlesen, waschen und trocken schleudern.
• Essigsorten mit Salz, Pfeffer und den Ölen verrühren und den Salat damit anmachen.
• Auf Teller verteilen, mit Pinienkernen und Bresaola belegen und mit Zitronensaft beträufeln.

Pesto

ZUTATEN
60 g Pinienkerne, 150 g Basilikum, 3–4 Knoblauchzehen, 2 EL grobes Meersalz, 100 ml Olivenöl (extra virgen), 100 g grob geriebener Parmesan, grob geschroteter Pfeffer

ZUBEREITUNG
• Pinienkerne ohne Fett goldbraun rösten. Abkühlen lassen.
• Die Basilikumblätter von den Stielen zupfen, Knoblauch schälen, halbieren und den Keim entfernen. Alles grob hacken und in einen Mörser geben.
• Mit einem Stößel zerstoßen und dabei abwechselnd Salz, Öl und Käse dazugeben. So lange bearbeiten, bis eine cremige Masse entsteht. Mit Pfeffer würzen.

TIP
Pesto hält sich im Kühlschrank in einem Schraubglas aufbewahrt mehrere Tage.

Gorgonzolasauce

ZUTATEN
200 g Gorgonzola piccante, 400 ml Sahne, 1 EL Aceto Balsamico (mindestens 5 Jahre alt), Salz, Pfeffer, 50 g gehackte Walnüsse, 1 EL Birnenbrand

ZUBEREITUNG
• Den Gorgonzola in der Sahne bei schwacher Hitze unter Rühren erst schmelzen und anschließend bei mittlerer Hitze sämig einkochen lassen.
• Mit Essig, etwas Salz und Pfeffer würzen und mit einem Stabmixer schaumig aufschlagen. Die Nüsse und den Birnenbrand unterrühren.

Tomatensauce

ZUTATEN
2 große Zwiebeln, 2–3 Knoblauchzehen, 5 EL Olivenöl (extra virgen), 3 Thymian-, 2 Rosmarin- und 3 frische Oreganozweige, 2 kleine Peperoncini, 2 große Dosen geschälte Tomaten, ¼ l Fleischbrühe, Salz, Pfeffer, 1 Bund Basilikum

ZUBEREITUNG
• Zwiebeln und Knoblauchzehen schälen, in Würfel schneiden und in Öl anschwitzen. Die Kräuter, die zerbröselten Peperoncini und die klein geschnittenen Tomaten mitsamt Saft dazugeben, mit Brühe aufgießen und mit Salz und Pfeffer würzen.
• Bei schwacher Hitze etwa 45 Minuten köcheln lassen. Kurz vor dem Servieren das fein geschnittene Basilikum unterrühren.

TIP
Zum Pastakochen immer große Töpfe nehmen. Pro 100 g Pasta rechnet man 1 Liter Wasser und 10 g Salz. Unbedingt die Kochzeiten, die auf den Packungen angegeben sind, beachten! Kurz vor Ende der Garzeit sicherheitshalber eine Bißprobe machen.

Kaninchenragout

ZUTATEN
1 vordere und 1 hintere Keule sowie das Bauchfleisch eines Kaninchens, Salz, Pfeffer, 4 EL Olivenöl (extra virgen), 2 Möhren, 2 Salbeizweige, 2 EL Aceto Balsamico, ½ l Hühnerbrühe, 1 Bund Frühlingszwiebeln, 250 g kleine Pfifferlinge, 40 g Butter, 200 ml Sahne, 80 g entkernte, schwarze Oliven, 1 Bund Petersilie

ZUBEREITUNG
• Kaninchenteile von Haut und Sehnen befreien, in Stücke schneiden und mit Salz und Pfeffer würzen. Das Öl in einem Schmortopf erhitzen und die Fleischteile darin rundherum anbraten.
• Die Möhren schälen, in kleine Würfel schneiden und mit den Salbeizweigen anschwitzen. Mit Essig begießen und die Flüssigkeit völlig einkochen lassen. Dann mit Hühnerbrühe aufgießen und zugedeckt etwa 30 Minuten bei mittlerer Hitze schmoren.
• Von den Frühlingszwiebeln die Wurzeln und die grünen Enden entfernen. Pifferlinge putzen. Die Zwiebeln in schräge Scheiben schneiden und zusammen mit den Pfifferlingen in der aufgeschäumten Butter andünsten.
• Die Kaninchenteile aus dem Schmorfond nehmen. Den Fond mit dem Stabmixer pürieren, die Sahne zufügen und sämig einkochen lassen.
• Das Kaninchenfleisch von den Knochen lösen, in kleine Würfel schneiden und mit den angedünsteten Frühlingszwiebeln, den Pfifferlingen und den geviertelten Oliven unter die Sauce mischen.
• Einige Minuten köcheln lassen und vor dem Servieren die frisch gehackte Petersilie untermischen.

Geeiste Zabaione

ZUTATEN
8 Eigelb, 200 g Puderzucker,
200 ml guter Madeira, ¼ l Sahne,
24 kleine Amaretti, 4 cl Punt e mes,
4 cl roter Martini

ZUBEREITUNG
- Eigelb und Puderzucker in einer Schlagschüssel aus Metall cremig rühren. Madeira dazugießen und über einem heißen Wasserbad so lange mit dem Schneebesen dickschaumig schlagen, bis sich das Volumen verdoppelt hat.
- In einer mit eiskaltem Wasser gefüllten Schüssel unter Rühren erkalten lassen.
- Die steif geschlagene Sahne gleichmäßig unterziehen.
- Die Amaretti auf 8 Dessertschalen verteilen, mit einer Mischung aus Punt e mes und rotem Martini beträufeln und mit der Zabaione übergießen. Etwa 1 Stunde in den Tiefkühlschrank stellen.

TIP
Die Zabaione soll eisgekühlt, aber nicht gefroren sein.

Aperol-Cocktail

Pro Person
2 cl Aperol, 4 cl frisch gepreßter Orangensaft, Prosecco zum Auffüllen, 1 Minzezweig, ½ Orangenscheibe
Aperol und Orangensaft mit 2 Eiswürfeln im Shaker durchschütteln und in ein Sektglas füllen. Mit Prosecco aufgießen und mit Minze und Orangenscheibe dekorieren.

Abbildungen: Pastagaren nur im großen Topf mit viel Wasser, Kaninchenragout, ungewöhnliche Tischsets, Spaghetti mit Pesto, Rucola mit Bresaola, Pasta mit Tomatensauce (von links oben nach rechts unten)

ASIATISCHES AUS DEM WOK

Ein kulinarisches Gesellschaftsspiel besonderer Art ist das gemeinsame Pfannenrühren am Tisch. Gemüse und Früchte werden klein geschnippelt, Fleisch und Fisch in mundgerechte Happen zerteilt und Öle, Gewürze und Würzsaucen bereitgestellt. Nun können Sie munter drauflosrühren. Damit es nicht zu turbulent wird, ist es sinnvoll, wenn jeweils einer das Kommando für ein Gericht übernimmt.

PFANNENRÜHREN FÜR 6 PERSONEN

Krabbenhütchen

Rund um den Wok bereitstellen:

Rind- Schweine- und Hähnchenfleisch

Riesengarnelen, Krabben

Fischfilet mit festem Fleisch

Tofu, Pilze

Ananas, Mango oder Litchees

Allerlei Gemüse der Jahreszeit

Würzsaucen wie helle und dunkle Sojasauce, Tabasco, Chili-, Chickensauce, Fischsauce, Austernsauce, Hoisin Sauce usw.

Asiatische Gewürze und Kräuter

Geschmacksneutrales Öl, z. B. Keimöl, Sesam- oder Erdnußöl

Kokoseis mit Ananas

Abbildungen: Orchideen sorgen für asiatisches Flair, verschiedene klein geschnittene Fleischsorten, diverse Fische und Meeresfrüchte roh bereitstellen (linke Seite); fertig Gebrutzeltes aus dem Wok, Kokoseis mit Ananas (rechte Seite)

PLANUNG UND VORBEREITUNG

Am Vortag
- Kokoseis zubereiten

Einige Stunden vorher
- Krabbenhütchen zubereiten.
- Gemüse putzen und klein schneiden.
- Ananas und die übrigen Früchte schälen und klein schneiden.
- Tisch decken, in der Mitte den Wok auf einem Stövchen plazieren.
- Würzsaucen und Gewürze auf einem Beistelltisch bereitstellen.
- Fleisch in dünne Scheiben schneiden und kalt stellen.

Kurz vor Eintreffen der Gäste
- Fisch und Meeresfrüchte auf Platten verteilen, Fleischsorten und Gemüse rund um den Wok anrichten.

Beim Eintreffen der Gäste
- Krabbenhütchen zum Sherry (Fino) reichen. Anschließend darf nach Herzenslust gerührt werden.

Getränkeempfehlung
Als Aperitif gekühlten Sherry (Fino) oder Reiswein reichen.
Zum Essen Reiswein, schwarzen und grünen Tee oder Wein, z. B. einen Pino Grigio, anbieten.

TIP
Jeder kann als Koch seine Kreativität beweisen, dadurch wird das Essen ungemein abwechslungsreich.

REZEPTE FÜR 6 PERSONEN

Krabbenhütchen

ZUTATEN
30 g fetter, roher Speck, 100 g Seeteufelfilet, 150 g Krabben, 1 EL Schalottenwürfel, 1 EL Reiswein, 1 EL Speisestärke, etwas frisch geriebener Ingwer und abgeriebene Limettenschale, 1 Spritzer Tabasco, Salz, weißer Pfeffer, 10 Toastbrotscheiben, 50 g Mandelblättchen, 2–3 EL Sesam, Öl zum Fritieren

ZUBEREITUNG
• Speck, Fischfleisch und Krabben fein hacken. Schalotten, Reiswein und Speisestärke unterrühren. Würzig abschmecken.
• Plätzchen von 4 cm Durchmesser aus dem Toastbrot ausstechen und die Fischfarce mit einem Teelöffel darauf häufen. Mit nassen Händen kegelförmig zu einem Hütchen formen. Schuppenförmig mit Mandelblättchen spicken oder in Sesamsamen wälzen.
• In heißem Öl goldbraun fritieren.

Kokoseis mit Ananas

ZUTATEN
150 ml Milch, 150 g Kokosmark, 4 Eigelb, 100 g Zucker, 2 cl weißer Rum, 2 cl Kokoslikör, ½ l Sahne, 1 vollreife Ananas

ZUBEREITUNG
• Milch und Kokosmark erwärmen. Eigelb und Zucker schaumig schlagen. Die Milchmischung hinzufügen und über dem Wasserbad zu einer cremigen Masse aufschlagen. Mit Rum und Likör abschmecken und die steif geschlagene Sahne unterziehen.
• In eine flache Form füllen und mindestens 2 Stunden gefrieren lassen.
• Die geschälte Ananas in Scheiben schneiden, mit dem Eis anrichten.

BRUNCH

Diese geniale Kombination aus Breakfast und Lunch ist vor allem am Sonntag sehr zu empfehlen. Lange schlafen und dann in Ruhe und mit Genuß Kaffee trinken, Brötchen essen und langsam zu handfesteren Speisen übergehen, wie einer Fleischterrine, herzhaften Salaten oder einer Lachs-Quiche. Danach genüßlich eine Flasche Champagner öffnen – was gibt es Schöneres? Da diese Art des Essens viel Spaß und wenig Mühe macht, ist der Brunch bei Gästen wie Gastgebern gleichermaßen beliebt.

SONNTAGSBRUNCH FÜR 6–8 PERSONEN

Brötchen, Croissants, Vollkornbrot, Rosinen-Mandelbrötchen, Butter, Konfitüren, Honig, Müsli

Kräuter-Lachs-Quiche

Eiersalat, Kalbsterrine

Bananenkuchen

Kaffee, Tee, Säfte und Champagner oder ein anderes prickelndes Getränk

PLANUNG UND VORBEREITUNG

Am Vortag einkaufen

• Croissants, Brötchen, Toast und Vollkornbrot einkaufen.
• Überprüfen, ob folgende Lebensmittel im Hause sind: verschiedene Konfitüren, Honig, frische Butter, Müslimischung, verschiedene Joghurtsorten, frische Milch, Kaffee und diverse Teesorten, Fruchtsäfte oder frische Früchte zum Auspressen. Außerdem Champagner, Sekt, Spumante oder Cava - je nach Geschmack und Geldbeutel.

Am Vortag vorbereiten

• Kräuter-Lachs-Quiche zubereiten und kalt stellen.
• Bananenkuchen und Rosinenbrötchen backen.
• Kalbsterrine zubereiten und nach dem Glasieren kühl stellen.
• Eiersalat machen und kühl stellen.
• Salat zum Garnieren putzen und locker in einem leicht angefeuchteten Plastikbeutel aufbewahren.
• Getränke kalt stellen.
• Am Vorabend den Tisch decken.

Am selben Morgen

• Brötchen, Croissants und Quiche aufbacken.
• Mandelbrötchen kurz im Backofen erwärmen.
• Kalbsterrine auf einer mit Salatblättern ausgelegten Platte stürzen, den Eiersalat in eine mit Salatblättern ausgekleidete Schüssel geben und mit gehackter Petersilie bestreuen.
• Bananenkuchen garnieren.
• Butter, verschiedene Konfitüren, Honig und Brot auf den Tisch stellen. Die übrigen Speisen auf einem kleinen Beistelltisch oder einer Anrichte griffbereit aufbauen.

Beim Eintreffen der Gäste

• Kaffee kochen und Wasser für den Tee aufsetzen.
• Gäste begrüßen und gemütlich zum Brunch übergehen. Ist der erste Hunger gestillt, ein prickelndes Getränk - pur oder mit Fruchtsaft gemischt - anbieten.

Dekovorschlag

• Da beim Brunch der Tisch ohnehin schon mit den üblichen Frühstücksutensilien ziemlich voll gestellt ist, empfiehlt sich eine weiße oder zart pastellfarbene Tischdecke. Auch der Blumenschmuck sollte nicht zu bunt sein. Gut macht sich ein weißer oder zartrosa Blumenstrauß oder über den Tisch verstreute kleine Blüten.

TIP

Überraschen Sie Ihre Gäste mit einer frischen, selbst gerührten Konfitüre aus Früchten der jeweiligen Jahreszeit. So wird es gemacht:
500 g entkelchte und gewaschene Beeren mit 500 g Gelierzucker in einem hohen Becher vermischen und mit dem Stabmixer so lange auf höchster Stufe rühren, bis sich der Zucker völlig aufgelöst hat. Das dauert etwa 15 bis 20 Minuten. Die Konfitüre in ein Glas füllen und kalt stellen. Frische Konfitüre hält sich zugedeckt im Kühlschrank einige Tage. Besonders gut eignen sich hierfür Erdbeeren, Heidelbeeren, Himbeeren oder Brombeeren.

REZEPTE FÜR 6–8 PERSONEN

Bananenkuchen

ZUTATEN
Teig: 150 g Butter, 150 g Zucker, 1 EL Vanillezucker, 4 Eigelb, 4 mittelgroße Bananen, 2 EL Bananenlikör, 250 g Mehl, 2 TL Backpulver, 100 g Schokoladenraspel, 50 g Kokosflocken, 4 Eiweiß
Außerdem: Fett für die Form, 100 g dunkle Kuvertüre, 2–3 EL Kokosflocken, ¼ l Sahne, einige getrocknete Bananenscheiben

ZUBEREITUNG
- Backofen auf 180° C vorheizen.
- Butter, Zucker und Vanillezucker mit den Schneebesen eines Handrührgerätes cremig rühren. Das Eigelb nach und nach dazugeben und schaumig schlagen. Die fein zerdrückten Bananen, Bananenlikör und nach und nach Mehl, Backpulver, Schokoladenraspel und Kokosflocken unterrühren. Zum Schluß das steif geschlagene Eiweiß unterziehen.
- Den Teig in eine gefettete Springform von 24 cm Durchmesser füllen und im vorgeheizten Backofen bei 180° C 45 bis 50 Minuten backen.
- Auf einem Kuchengitter abkühlen lassen. Mit erwärmter, flüssiger Kuvertüre überziehen und den Rand sofort mit Kokosflocken bestreuen.
- Vor dem Servieren die Sahne steif schlagen und in einen Spritzbeutel füllen. Die Oberfläche des Kuchens damit bespritzen und mit getrockneten Bananenscheiben garnieren.

TIP
Anstelle des Bananenkuchens kann man je nach Jahreszeit auch einen Erdbeer-, Kirsch- oder Apfelkuchen anbieten. Wählen Sie am besten immer einen Kuchen, den Sie am Vortag vorbereiten können.

Rosinen-Mandelbrötchen

ZUTATEN
500 g Mehl, 1 Prise Salz, 40 g Hefe, ¼ l lauwarme Milch, 50 g Zucker, 1 Päckchen Vanillezucker, 80 g weiche Butter, 1 Ei, 100 g Rosinen, 50 g grob gehackte Mandeln, 1 Eigelb, 2–3 EL Milch

ZUBEREITUNG
- Das Mehl mit dem Salz vermischt in eine Schüssel geben. In die Mitte eine Mulde drücken und die Hefe hineinbröckeln. Mit etwas lauwarmer Milch verrühren und mit 1 Teelöffel Zucker bestreuen. Zugedeckt etwa 15 Minuten gehen lassen.
- Die restliche Milch, den Zucker, Vanillezucker, Butter und Ei dazugeben und mit den Knethaken eines Handrührgerätes oder mit dem Kochlöffel zu einem geschmeidigen Teig verkneten. Sobald der Teig glänzt und sich vom Schüsselboden löst, Rosinen und Mandeln mit einem Kochlöffel einarbeiten. Zugedeckt an einem warmen Ort mindestens 30 Minuten gehen lassen.
- Backofen auf 180° C vorheizen.
- Jeweils mit einem Eßlöffel etwas vom Teig abstechen und auf einer bemehlten Arbeitsplatte zu einer Kugel formen. Auf ein mit Backpapier ausgelegtes Backblech setzen. Eigelb und Milch verquirlen, die Brötchen damit bestreichen und auf der mittleren Schiene etwa 20 Minuten goldbraun backen.

TIP
Die Rosinen-Mandelbrötchen schmekken frisch und knusprig, wenn sie noch lauwarm in Gefrierbeutel verpackt und eingefroren werden. Bei Bedarf im 150° C heißen Backofen aufbacken.

Kräuter-Lachs-Quiche

ZUTATEN
300 g guter Tiefkühl-Blätterteig, Linsen zum Blindbacken
Belag: 100 g Räucherlachs, 3 EL Schalottenwürfel, 30 g Butter, 4 EL fein gehackte Frühlingskräuter, ¼ l Sahne, 3 Eier, Salz, Pfeffer, Cayennepfeffer, 2 cl Noilly Prat

ZUBEREITUNG
- Backofen auf 200° C vorheizen. Die aufgetauten Blätterteigplatten übereinander legen und zu einer Platte von 30 cm Durchmesser ausrollen. Den Boden und Rand einer kalt ausgespülten Tarteform (28 cm Durchmesser) damit auskleiden. Mit Linsen bestreuen, 15 Minuten backen. Linsen wieder entfernen.
- Räucherlachs in Streifen schneiden. Schalottenwürfel in Butter glasig dünsten. Kräuter, Lachs und Schalotten und auf dem vorgebackenen Boden verteilen.
- Sahne und Eier verquirlen. Mit Salz, Pfeffer, Cayennepfeffer und Noilly Prat abschmecken. Über den Belag gießen, 20 bis 30 Minuten backen.

Eiersalat

ZUTATEN
8 hart gekochte Eier, Fruchtfleisch von ¼ Ananas, 200 g Shrimps, 2 EL kleine Kapern, 1 Becher Vollmilchjoghurt, 150 g Mayonnaise, Saft von 1 Zitrone, 1 EL Curry, Salz, Pfeffer, Tabasco, ½ Bund frisch gehackte Petersilie

ZUBEREITUNG
- Eier schälen, in Scheiben schneiden oder vierteln. Ananas in feine Stifte schneiden, mit den Shrimps und den Kapern zu den Eiern geben.
- Joghurt, Mayonnaise und Zitronensaft verrühren. Mit Curry, Salz, Pfeffer und Tabasco würzen und mit den Salatzutaten vermischen.
- Mit der Petersilie bestreuen.

Kalbsterrine

ZUTATEN

Farce: 800 g gehacktes Kalbfleisch, 200 g durchwachsener Räucherspeck, 3 Scheiben Toastbrot, ⅛ l heiße Milch, 3 Eier, 2 EL Schalottenwürfel, 50 g Butter, 2 EL gehackte Petersilie, 1 EL Dijonsenf, Salz, Pfeffer, 1 TL frisch geriebene Ingwerwurzel, Muskat, 2 EL kleine Kapern

Außerdem: Fett für die Form, 2 EL Portwein, 2 Blatt Gelatine, Kräuterzweige zum Garnieren

ZUBEREITUNG

- Backofen auf 160° C vorheizen.
- Kalbshack in eine Schüssel geben. Räucherspeck mit dem Wiegemesser fein wiegen und untermischen. Toastbrot in heißer Milch einweichen, ausdrücken und mit den Eiern zum Fleisch geben. Schalottenwürfel in Butter anschwitzen und mit Petersilie und Senf unter den Fleischteig mischen. Mit Salz, Pfeffer, Ingwer und Muskat herzhaft würzen. Zum Schluß die Kapern unter die Fleischfarce rühren, in eine gefettete Kastenform füllen und die Oberfläche glatt streichen. Mit Alufolie bedecken und im heißen Backofen ca. 1 Stunde garen.
- Die entstandene Garflüssigkeit abgießen und aufbewahren. Die Fleischterrine in der Form erkalten lassen.
- Den Fleischsaft entfetten und mit Portwein vermischen. Gelatine in kaltem Wasser einweichen, ausdrücken und warm auflösen. Mit dem Fleischsaft vermischen, die Oberfläche der Terrine damit bepinseln und mit Kräuterzweigen belegen.

Abbildungen: Kräuter-Lachs-Quiche, köstliche Marmelade, Bananenkuchen, Eiersalat, Kalbsterrine, zum Abschluß ein Glas Sekt (von links oben nach rechts unten)

KAFFEE-KRÄNZCHEN

Es klingt ein wenig altmodisch, dennoch ist das gemütliche Beisammensein bei Kaffee und Kuchen auch bei jüngeren Damen nicht unbeliebt. Mal so richtig ungestört plaudern über alles, was einen gerade interessiert, seien es Familie, Mode, Kultur und vieles andere mehr. Das macht Spaß und tut auch berufstätigen Frauen (und Männern) zwischendurch gut. Der Aufwand ist nicht allzu groß, denn Kuchen und Gebäck können Sie schon am Vortag oder Vormittag backen und Kaffee ist schnell gekocht.

KAFFEE-KRÄNZCHEN FÜR 8–10 PERSONEN

Espresso-Sahnetorte

Ananas-Kokoskuchen

Brownies

Hefeguglhupf

Blätterteig-Nußstangen

PLANUNG UND VORBEREITUNG

Einige Tage vorher

• Blätterteig-Nußstangen zubereiten, backen und lauwarm einfrieren.

Am Vortag

• Kuchenboden für die Espressotorte backen.
• Hefeguglhupf zubereiten und backen.
• Espressosahne vorbereiten und kalt stellen.
• Brownies backen, in Stücke schneiden und in einer Blechdose aufbewahren.

Einige Stunden vorher

• Espressosahne aufschlagen, den Kuchen damit füllen und verzieren.
• Ananaskuchen backen.
• Blätterteigstangen aufbacken.
• Brownies auf einen Teller legen.
• Sahne schlagen.
• Den Tisch decken.

Kurz vor Eintreffen der Gäste

• Geschlagene und flüssige Sahne sowie Zucker und Süßstoff auf den Tisch stellen.
• Kaffee kochen. Die verschiedenen Kuchen sowie Liköre oder Digestifs zur Auswahl auf einem Beistelltisch oder einer Anrichte bereitstellen.

Getränkeempfehlung

• Kaffee mit und ohne Koffein und verschiedene Liköre, Cognac, Calvados oder Armagnac anbieten.
• Gegen ein Glas Sekt kurz vor dem Aufbruch hat meist kaum jemand etwas einzuwenden.

Dekovorschlag

• Wenn Sie Ihre Gäste schriftlich einladen möchten, verschicken Sie Papierspitzendeckchen, auf die Sie Datum, Uhrzeit und eventuell ein neues Kuchenrezept schreiben.
• Die Tischdekoration richtet sich in erster Linie nach Ihrem Kaffeegeschirr – ein wenig verspielt darf die Kaffeetafel schon aussehen. Was halten Sie von lachsfarbenen Rosen?

REZEPTE FÜR 8–10 PERSONEN

Espresso-Sahnetorte

ZUTATEN
Teig: 6 Eigelb, 120 g Zucker, 100 g geriebene Zartbitter-Schokolade, 50 g Mehl, 30 g Speisestärke, 100 g geröstete, geriebene Haselnüsse, 1 EL löslicher Espresso, 6 Eiweiß
Füllung: ¼ l Sahne, 100 g gute Mokkaschokolade, 1 EL löslicher Espresso, 100 ml frisch zubereiteter Espresso, 4 cl Cognac
Außerdem: 200 ml Sahne, Schokoraspel oder Mokkabohnen zum Verzieren

ZUBEREITUNG
• Backofen auf 180° C vorheizen.
• Eigelb und Zucker mit den Schneebesen eines Handrührgerätes schaumig schlagen. Schokolade, Mehl, Speisestärke, geröstete, geriebene Haselnüsse und löslichen Kaffee hinzufügen. Das Eiweiß steif schlagen und gleichmäßig unterheben.
• Den Teig in eine mit Backpapier ausgelegte Springform (28 cm Durchmesser) füllen und ca. 35–40 Minuten backen.
• Für die Füllung die Sahne mit der in Stücke gebrochenen Mokkaschokolade bei schwacher Hitze schmelzen lassen. Espresso unterrühren und über Nacht in den Kühlschrank stellen.
• Am nächsten Tag die Sahnemischung schaumig schlagen.
• Den abgekühlten Kuchenboden einmal waagrecht durchschneiden und die beiden Hälften mit einer Mischung aus Espresso und Cognac tränken. Mit der Schokoladen-Espressosahne füllen und zusammensetzen.
• Restliche Sahne steif schlagen und die Torte dick damit bestreichen. Mit einem Löffel kleine Dellen eindrükken, mit Schokoraspel dick bestreuen oder mit Mokkabohnen verzieren.

Ananas-Kokoskuchen

ZUTATEN
200 g weiche Butter, 200 g Puderzucker, 4 Eier, 4 cl Kokoslikör, 150 g Kokosraspel, 150 g Mehl, 1 TL Backpulver, 1 reife Ananas (ca. 350 g Fruchtfleisch), Puderzucker zum Bestäuben

ZUBEREITUNG
• Butter und Puderzucker cremig rühren, nach und nach Eier, Kokoslikör, Kokoksraspel, Mehl und Backpulver untermischen. Backofen auf 180° C vorheizen.
• Die Ananas schälen, halbieren und das harte Mittelstück entfernen. Das Fruchtfleisch in Stifte schneiden.
• Teig in eine gefettete Springform von 28 cm Durchmesser füllen, die Oberfläche glatt streichen und mit dem Großteil der Ananas belegen. Auf der mittleren Schiene des heißen Backofens etwa 40 Minuten backen.
• Aus der Form lösen, auf einem Kuchengitter abkühlen lassen. Mit Puderzucker bestäuben und mit den restlichen Ananasstückchen belegen.

Brownies

ZUTATEN
60 g Zartbitter-Schokolade, 125 g Butter, 2 Eier, 200 g Zucker, 1 TL flüssiges Vanillearoma, 60 g Mehl, 2 EL Crème fraîche, 100 g gehackte Walnüsse, Fett für die Form

ZUBEREITUNG
• Backofen auf 170° C vorheizen.
• Schokolade in Stückchen brechen und mit der Butter über einem Wasserbad schmelzen lassen.
• Eier, Zucker und Vanille dickschaumig schlagen und unter die Schokoladenmischung rühren. Löffelweise Mehl, Crème fraîche und Walnüsse unterrühren und zweifingerdick in eine gefettete, quadratische Form füllen. Etwa 25 bis 30 Minuten backen.
• Nach dem Abkühlen in kleine Quadrate schneiden.

Hefeguglhupf

ZUTATEN
⅛ l lauwarme Milch, 20 g Hefe, 60 g Zucker, 250 g Mehl, 1 Prise Salz, 4 Eigelb, abgeriebene Schale von ½ unbehandelten Zitrone, ausgekratztes Mark von ½ Vanilleschote, 80 g flüssige Butter, 50 g Rosinen, 50 g gehackte Mandeln, 20 g Butter, einige abgezogene, halbierte Mandeln, Puderzucker zum Bestäuben

ZUBEREITUNG
• Die Hälfte der Milch mit der Hefe, 1 Prise Zucker und etwas Mehl zu einem Vorteig verrühren und an einem warmen Ort gehen lassen, bis sich die Mischung verdoppelt hat.
• Restliches Mehl und restlichen Zucker mit dem Salz in eine Schüssel geben. Eigelb, Zitronenschale, Vanillemark, flüssige Butter und den Vorteig dazugeben und mit den Knethaken eines Handrührgerätes verkneten. Dabei so viel von der restlichen Milch dazugießen, bis ein geschmeidiger Teig entsteht. So lange schlagen, bis sich der Teig vom Schüsselboden löst und Blasen wirft. Dann Rosinen und Mandeln in den Teig einarbeiten. An einem warmen Ort etwa 30 Minuten aufgehen lassen.
• Eine Guglhupfform dick mit Butter ausstreichen und in jede Vertiefung eine Mandelhälfte drücken. Den Teig kurz durchkneten und mit einem Löffel vorsichtig in die Form füllen. Die Oberfläche glatt streichen und erneut an einem warmen Ort 30 Minuten gehen lassen.
• Backofen auf 170° C vorheizen.
• Den Guglhupf auf der mittleren Schiene des heißen Backofens etwa 1 Stunde backen. In der Form auskühlen lassen, dann stürzen und mit Puderzucker bestäuben.

Blätterteig-Nußstangen

ZUTATEN
300 g fertig gekaufter Tiefkühl-Blätterteig, 100 g Marzipan-Rohmasse, 1 Ei, 2 EL Kirschwasser, 100 g fein geriebene Haselnüsse, 50 g grob gehackte Haselnüsse
Außerdem: 2 Eigelb, ca. 50 grob gehackte Haselnüsse, Puderzucker zum Bestäuben

ZUBEREITUNG
- Den Blätterteig aufgetaut 3 mm dick zu einem Rechteck von etwa 24 mal 30 cm ausrollen.
- Marzipan zerbröseln und mit dem Ei verrühren, das Kirschwasser dazugießen und die fein geriebenen und grob gehackten Nüsse untermischen. Die Nußmasse der Länge nach bis zur Hälfte auf der Teigplatte verteilen und die zweite Teighälfte darüber klappen. Kurz mit einem Nudelholz darüber rollen und in etwa 1½ cm breite Streifen schneiden.
- Die Teigstreifen zweimal um die eigene Achse drehen, dann auf ein mit Backpapier ausgelegtes Blech legen. Etwa 20 Minuten kalt stellen.
- Backofen auf 220° C vorheizen.
- Die Nußspiralen mit dem verquirlten Eigelb bestreichen und mit den gehackten Nüssen bestreuen. In etwa 10 bis 12 Minuten auf der mittleren Schiene des heißen Backofens knusprig backen.
- Mit Puderzucker bestäubt am besten lauwarm genießen.

TIP
Natürlich darf Ihr persönlicher Lieblingskuchen nicht fehlen. Achten Sie aber möglichst darauf, daß es immer einen fruchtigen und einen trockenen Kuchen sowie eine Sahnetorte gibt. Zuviel wird es nie sein, denn nach dem Kaffeeplausch freuen sich Ihr Mann und Ihre Kinder über die Reste.

Abbildungen: Espresso-Sahnekuchen, zarte Rosen für eine gemütliche Kaffeerunde

TEA TIME

Es heißt zwar »Any time is Tea Time«, doch für eine Einladung zum Tee ist die Zeit zwischen 17 und 19 Uhr ideal. Tea Time ist etwas für Lebenskünstler: Man nimmt sich Zeit, entspannt sich, macht es sich behaglich und genießt. Für die meisten Engländer ist der Afternoon Tea ein unverzichtbarer Moment, und selbst Königin Elisabeth II. unterbricht täglich um 17 Uhr ihre Arbeit, um im privaten Kreis ihren Tee zu trinken. Auch bei uns findet diese Gewohnheit allmählich ihre Anhänger – zum einen, weil immer mehr Menschen guten Tee schätzen, zum anderen, weil in dieser gelassenen Stimmung interessante Gespräche zustande kommen.

TEA TIME FÜR 8 PERSONEN

Pikant belegte Sandwiches

Englischer Teekuchen

Fertig gekauftes Teegebäck

Lemon-Schnitten

Toast, dazu frische Butter und Orangenmarmelade

Diverse Teesorten bereitstellen

VORBEREITUNG UND PLANUNG

Einige Tage vorher

- Englischen Teekuchen backen.

Einige Stunden vorher

- Lemon-Schnitten backen.
- Sandwiches belegen.
- Tisch decken.
- Mehrere Teekannen, verschiedene Teesorten in Teedosen oder in kleinen Schalen, Zucker und Kandiszucker auf einem Beistelltisch bereithalten.

Kurz vor Eintreffen der Gäste

- Teekuchen aufschneiden und Teegebäck auf einem Teller anrichten.
- Wasser zum Kochen bringen.

Beim Eintreffen der Gäste

- Teekannen heiß ausspülen.
- Jeder brüht sich seinen Lieblingstee und läßt ihn nach seinem persönlichen Wunsch lange oder kurz ziehen.
- Sich entspannt im Stuhl zurücklehnen und genießen.

Dekovorschlag

Die Tischdekoration sollte elegant sein. Wählen Sie sanfte Farben für Tischtuch und Stoffservietten, passend zum Teeservice. Teerosen in einer nicht zu hohen Vase sind der ideale Tischschmuck. Kerzenlicht unterstreicht die behagliche Atmosphäre.

Wenn Sie schriftlich zur Tea Time einladen möchten, nehmen Sie doch eine weiße Karte, auf die Sie eine Teetasse zeichnen und einige Teeblätter kleben. Sie können aber auch einen Teespruch darauf schreiben, wie beispielsweise die folgende chinesische Weisheit: «Man trinkt Tee, um den Lärm der Welt zu vergessen.»

TIP

Der Teekuchen hält sich bis zu 14 Tage und wird von Tag zu Tag besser. Man kann ihn also gut 1 Woche vorher backen.

Abbildungen: stilvolles Teeservice, Teeutensilien, englischer Teekuchen

Englischer Teekuchen

ZUTATEN
Rührteig: 100 g Korinthen, je 50 g Zitronat- und Orangeatwürfel, 50 g halbierte kandierte Kirschen, 50 g Mandelstifte, 100 ml Grand Marnier, 200 g Butter, 200 g Zucker, 5 Eier, 200 g Mehl, 100 g Speisestärke, 2 TL Backpulver
Biskuit: 3 Eigelb, 80 g Zucker, 3 Eiweiß, 50 g Mehl, 30 g Speisestärke,
Außerdem: 2 EL Mandelblättchen, 3 EL Orangenmarmelade, 2 EL Orangenlikör

ZUBEREITUNG
- Korinthen, Zitronat- und Orangeatwürfel, kandierte Kirschen und Mandelstifte mit Grand Marnier begießen und einige Stunden marinieren.
- Backofen auf 170° C vorheizen.
- Butter und Zucker cremig rühren. Nach und nach die Eier hinzufügen und so lange rühren, bis die Masse schaumig ist. Mehl, Speisestärke und Backpulver vermischen und unterrühren. Zum Schluß die marinierten Trockenfrüchte dazugeben und die Masse in eine gefettete Kastenform füllen. Auf der mittleren Schiene im Backofen 50 Minuten backen. In der Form erkalten lassen.
- Für den Biskuit Eigelb mit Zucker schaumig schlagen. Eiweiß steif schlagen, auf die Eigelbmasse häufen. Mehl und Speisestärke darüber sieben und alles locker vermischen.
- Auf ein mit Backpapier ausgelegtes Backblech streichen, mit Mandelblättchen bestreuen und bei 200° C etwa 10 Minuten backen.
- Biskuitplatte auf ein Küchentuch stürzen, Papier abziehen und mit der Mischung aus Orangenmarmelade und -likör bestreichen. Den gebackenen Kuchen darauf legen und mit der Biskuitplatte fest umhüllen. Überstehende Ränder abschneiden, mit den Kanten nach unten auf eine Königskuchenplatte legen. Vor dem Anschneiden etwa 2 Tage ruhen lassen.

Lemon-Schnitten

ZUTATEN
Mürbeteig: 200 g Mehl, 60 g Puderzucker, etwas Salz, 250 g Butter
Schaummasse: 3 große Eier, 200 g Zucker, 60 ml Lime-Juice, ½ TL abgeriebene, unbehandelte Zitronenschale, 80 g Mehl, ½ TL Backpulver, Puderzucker zum Bestäuben

ZUBEREITUNG
- Backofen auf 180° C vorheizen.
- Das Mehl mit Puderzucker und Salz auf einer Arbeitsplatte vermischen und die in kleine Stücke geschnittene Butter darüber verteilen. Mit einem großen Messer alles miteinander verhacken. Rasch zu einem glatten Teig verkneten.
- Den Teig am besten zwischen zwei Bögen Sichtfolie ausrollen und auf ein mit Backpapier ausgelegtes Backblech legen. In etwa 15 Minuten knusprig und hellbraun backen.
- Für die Schaummasse inzwischen die Eier mit dem Zucker dickschaumig schlagen. Lime-Juice und Zitronenschale zugeben und Mehl und Backpulver darüber stäuben. Alles gründlich vermischen und gleichmäßig auf dem vorgebackenen Kuchen verteilen. Weitere 20 Minuten backen, dann auf dem Blech abkühlen lassen.
- Mit einem scharfen Messer in Quadrate oder Streifen schneiden und mit Puderzucker bestäuben.

TIP
Für die Sandwiches Toastbrote entrinden und beliebig bestreichen und belegen, z. B. mit Kräuterbutter, Schinken, Frischkäse oder Butterkäse.

Abbildungen: diverse Sandwiches, Toast mit Butter und Marmelade, Lemon-Schnitten

SNACK-PARTIES

Sie können die kleinen Häppchen Snacks, Tapas, Antipasti oder Dim Sum nennen. Eines haben sie alle gemeinsam: Sie werden mit großem Vergnügen ohne Messer und Gabel aus der Hand genossen.
Mit diesen leckeren Häppchen Gäste zu bewirten ist bei jüngeren und jung gebliebenen Menschen überaus beliebt, da sie zum Sektempfang ebenso wie zu einem rustikalen Frühschoppen oder zur Bürofete passen.
Diesen verführerischen Kleinigkeiten kann man weder bei einem spannenden Tennismatch vor dem Fernseher noch bei einem gemütlichen Spieleabend widerstehen.
Die Urlaubsbilder aus Spanien gefallen Ihren Freunden besonders gut, werden sie von Tapas begleitet. Und die italienische Ferienstimmung wird dank der Antipasti noch mal so intensiv.
Wer Fernweh nach Asien hat, verführt seine Gäste mit Asiensnacks, und wer das Land der unbegrenzten Möglichkeiten liebt, tischt amerikanische Snacks auf.

SEKTFRÜHSTÜCK

Es gibt viele Anlässe für ein Sektfrühstück: eine Beförderung, ein runder Geburtstag, auf den man mit Kollegen anstoßen möchte, oder einfach nur der Spaß am Feiern. Die Hauptsache bei einem Sektfrühstück ist natürlich das prickelnde Getränk. Damit es aber nicht so schnell in den Kopf steigt, gehört unbedingt ein kleiner Imbiß dazu, am besten mundgerecht gereicht, so daß eine Hand fürs Sektglas frei bleibt. Appetitlich angerichtete Sandwiches, pikant gefüllte Windbeutel oder Croustades sind rasch zubereitet und schmecken köstlich. Da ein Sektfrühstück gegen Mittag stattfindet, sollte schon so viel wie möglich am Vortag vorbereitet werden.

SEKTFRÜHSTÜCK FÜR 10–12 PERSONEN

Gefüllte Crêpesröllchen

Gefüllte Mini-Windbeutel

Gefüllte Croustades

Käsecreme auf Pumpernickel

Sekt, Spumante, Cava oder Champagner

PLANUNG UND VORBEREITUNG

Am Vortag

- Getränke kalt stellen.
- Windbeutel backen und in einer Blechdose aufbewahren. Croustades (Gebäckschalen) kaufen.
- Crêpes backen und füllen.
- Füllungen für die Windbeutel zubereiten.
- Leber- und Roquefortcreme herstellen.
- Alles getrennt in Vorratsdosen geben und kühl stellen.

1 Stunde vorher

- Käsecreme auf die Pumpernickelscheiben spritzen.
- Windbeutel und Croustades füllen, die Crêpesrollen aufschneiden.
- Die Snacks auf Platten anrichten und beliebig garnieren.
- Je nach Jahreszeit frisch gepreßte Säfte oder Fruchtmark aus Erdbeeren, Himbeeren oder Pfirsichen bereitstellen.

Beim Eintreffen der Gäste

- Die Korken knallen lassen!

Getränkeempfehlung

Natürlich Sekt - das kann je nach Budget ein Sekt aus dem Supermarkt sein, ein Winzersekt, ein italienischer Spumante, ein spanischer Cava, ein Crémant oder wenn es sich um einen ganz besonderen Anlaß handelt: Champagner. Dazu Säfte der Saison, möglichst frisch gepreßt.

Dekovorschlag

Die Dekoration richtet sich nach dem jeweiligen Anlaß und natürlich nach der Jahreszeit. Sehr viel Spaß macht so eine kleine Stehparty natürlich im Freien. Einen der Jahreszeit entsprechenden Blumenstrauß, die Platten mit den Häppchen, Sektgläser, einen Stapel kleiner Teller sowie einige Sektkühler mit den Flaschen auf einem Gartentisch bereitstellen, das ist alles: Die Stimmung kommt dann ganz von selbst.

Mini-Windbeutel

ZUTATEN

¼ l Wasser, 1 Prise Salz, 60 g Butter, 250 g Mehl, 6–8 Eier, Muskat

ZUBEREITUNG

- Backofen auf 200° C vorheizen.
- Wasser, Salz und Butter in einem Topf mit dickem Boden zum Kochen bringen. Das Mehl auf einmal hineinschütten und mit einem Kochlöffel alles zu einem festen Kloß verrühren.
- Von der Kochplatte nehmen, die Eier einzeln dazugeben und jeweils so lange mit einem Kochlöffel rühren, bis wieder ein glatter Teig entstanden ist. Der Teig ist fertig, wenn er in großen Spitzen vom Kochlöffel reißt. Mit Muskat würzen und in einen Spritzbeutel füllen.
- Walnußgroße Rosetten auf ein mit Backpapier ausgelegtes Blech spritzen und etwa 20 Minuten goldbraun backen. Während der ersten 15 Minuten Backzeit auf keinen Fall die Backofentür öffnen, sonst fallen die Windbeutel zusammen.
- Nach dem Abkühlen durchschneiden und mit verschiedenen Salaten füllen (Seite 44–45).

TIP

Wenn Sie wenig Zeit haben, füllen Sie die Windbeutel mit einem fertigen Fleisch-, Puszta- oder Krabbensalat.

REZEPTE FÜR 10–12 PERSONEN

Schinkensalat

ZUTATEN
100 g Kochschinken, 2 EL Tiefkühl-Erbsen, 2 Tomaten, 3 EL Mayonnaise, Salz, Pfeffer, Cayennepfeffer, etwas Zitronensaft, 1 EL gehackte Petersilie

ZUBEREITUNG
- Schinken in kleine Würfel schneiden. Erbsen kurz blanchieren und in kaltem Wasser abschrecken. Tomaten häuten, entkernen und in Würfel schneiden. Alles in eine Schüssel geben und die Mayonnaise unterrühren.
- Mit Salz, Pfeffer, Cayennepfeffer und Zitronensaft würzig abschmecken und die Petersilie untermischen.

Krabbensalat

ZUTATEN
200 g Nordseekrabben, Saft von 1 Zitrone, 3 EL Olivenöl (extra virgen), Salz, Pfeffer, Cayennepfeffer, 1 Bund Dill, ca. 100 g Mayonnaise aus der Tube

ZUBEREITUNG
- Krabben mit Zitronensaft und Öl vermischen, würzen und die Hälfte des fein gehackten Dills untermischen. Mindestens 1 Stunde, am besten über Nacht, marinieren.
- Jeweils etwas Mayonnaise in die Windbeutel oder Croustades spritzen, marinierte Krabben darauf häufen und mit restlichem Dill garnieren.

TIP

Die Salate eignen sich zum Füllen der Mini-Windbeutel (Seite 42) und für 24 Croustades.

Abbildungen: Prickelndes in Gläsern, gefüllte Crêpesröllchen, Käsecreme und Lebercreme auf Pumpernickel, ein Sektkübel sorgt für kühlen Genuß (von links oben nach rechts unten)

Käsesalat

ZUTATEN
150 g Emmentaler, 2 Selleriestangen, 1 kleiner Apfel, 30 g gehackte Walnüsse, 3 EL Mayonnaise, Salz, Pfeffer, Cayennepfeffer, je 1 EL Zitronen- und Orangensaft, einige blaue Trauben

ZUBEREITUNG
• Käse, Sellereriestangen und den halbierten und entkernten Apfel mit der Schale in winzig kleine Würfel schneiden.
• Walnüsse und Mayonnaise unterrühren, mit Salz, Pfeffer, Cayennepfeffer und den Zitrussäften abschmecken.
• In die Croustades oder Windbeutel füllen und mit ½ Traube garnieren.

Geflügel-Lebercreme

ZUTATEN
500 g Geflügellebern, 40 g Butter, 2 EL Schalottenwürfel, ½ TL Thymian, 4 cl Portwein, 200 g Rahm-Frischkäse, Salz, Pfeffer

ZUBEREITUNG
• Die Geflügellebern von anhaftendem Fett und Sehnen befreien.
• Die Butter erhitzen und die Lebern darin anbraten. Schalottenwürfel und Thymian dazugeben und mit Portwein ablöschen. Etwas einkochen lassen, dann im Mixer fein pürieren und durch ein Haarsieb streichen.
• Ein wenig abkühlen lassen, dann unter Rühren den Frischkäse hinzufügen und mit Salz und Pfeffer würzig abschmecken.
• In einen Spritzbeutel füllen und kurz vor dem Servieren entweder in die Croustades oder in die Windbeutel füllen. Man kann die Creme aber auch auf Pumpernickeltaler oder auf kleine Weißbrotscheiben spritzen.

Gefüllte Crêpesröllchen

ZUTATEN
Crêpe-Teig: 300 ml Milch, 4 Eier, 200 g Mehl, 1 Prise Salz, 3 EL flüssige Butter, 1 EL frisch gehackte Kräuter, Keimöl zum Braten
Lachsfüllung: 300 g Räucherlachs, 150 g Crème fraîche, etwas Zitronensaft, Salz, Pfeffer, 1 EL fein geschnittener Dill, 1 EL kleine Kapern
Thunfischfüllung: 1 Dose Thunfisch (naturell), ca. 200 g, 1 Zwiebel, 1 große Essiggurke, 2 Blatt weiße Gelatine, 3 EL Mayonnaise, Salz, Pfeffer, etwas Zitronensaft

ZUBEREITUNG
• Die angegebenen Zutaten zu einem glatten Crêpe-Teig verrühren und 30 Minuten ruhen lassen.
• Für die Lachsfüllung 200 g Lachs mit Crème fraîche im Mixer fein pürieren. Mit Zitronensaft, Salz und Pfeffer würzen und den Dill, die Kapern und den in kleine Würfel geschnittenen restlichen Lachs untermischen.
• Für die Thunfischfüllung den Thunfisch mit einer Gabel fein zerdrücken. Geschälte Zwiebel und Essiggurke in kleine Würfel schneiden und untermischen. Gelatineblätter kalt einweichen, warm auflösen und vorsichtig unter die Farce rühren. Die Mayonnaise unterrühren und mit Salz, Pfeffer und Zitronensaft würzig abschmecken.
• In einer Pfanne mit 28 cm Durchmesser etwas Öl erhitzen und nacheinander 8 dünne Eierkuchen backen.
• 4 Crêpes mit Lachsfarce und 4 mit Thunfischfarce bestreichen, aufrollen und jede Rolle fest mit Sichtfolie umhüllen. Kühl stellen.
• Kurz vor dem Servieren die Rollen in etwa 1 cm breite Scheiben schneiden und schuppenförmig auf einer Platte anordnen.

Käsecreme auf Pumpernickel

ZUTATEN
150 g Roquefort, 50 g Rahm-Frischkäse, Pfeffer, 1 reife, nicht zu weiche, kleine Birne, etwas Zitronensaft, 1 EL Birnengeist, 1 EL Pinienkerne, 1 EL geschlagene Sahne

ZUBEREITUNG
• Den Roquefort mit einer Gabel fein zerdrücken, den Frischkäse unterrühren und mit Pfeffer würzen.
• Die Birne halbieren, entkernen und in kleine Würfel schneiden. Mit Zitronensaft und Birnengeist begießen und kurz durchziehen lassen. Die Pinienkerne in einer Pfanne goldbraun rösten und fein hacken. Mit den Birnenwürfeln unter die Käsecreme mischen und zum Schluß die Sahne unterziehen.
• Die Creme in einen Spritzbeutel mit großer Sterntülle füllen und auf die Pumpernickeltaler spritzen. Mit dünnen Birnenschnitzen garnieren.
• Köstlich schmeckt die Creme auch mit Stilton oder einem anderen würzigen Edelpilzkäse.

TIP

Bestens bewährt haben sich bei Stehparties Gläserhalter, die man an den Teller stecken kann. So bleibt immer eine Hand frei, um zu essen. Diese Halter sind in gut geführten Haushaltswarengeschäften erhältlich.

HAPPY HOUR

Die richtige Zeit für einen trockenen Martini, einen Whisky oder einen klassischen Cocktail ist zwischen 17 und 18 Uhr. Witzige Snacks sorgen dafür, daß nach einem anstrengenden Arbeitstag der Alkohol nicht zu rasch in den Kopf steigt. Zur Happy Hour trifft man sich, um mit guten Freunden zu plaudern oder um anschließend gemeinsam zum Essen in ein Restaurant zu gehen.

HAPPY HOUR FÜR 6–8 PERSONEN

Gefüllte Partybrötchen mit Riesengarnelen und Roastbeef

Marinierte, gefüllte Speckpflaumen

Teigschiffchen mit Gemüsetatar

Vermouth, Whisky und Cocktails

PLANUNG UND VORBEREITUNG

Am Vortag

- Dillcreme zubereiten.
- Dörrpflaumen marinieren.
- Schiffchen backen.
- Gemüsetatar zubereiten.

Einige Stunden vorher

- Dörrpflaumen füllen, mit Speck umwickeln und kroß braten.
- Brötchen belegen, Schiffchen füllen.

Kurz vor Eintreffen der Gäste

- Alles auf Platten hübsch anrichten.
- Olivensorten in Schalen verteilen.
- Teller und Servietten bereitstellen.
- Eiswürfel in den Eisbehälter füllen.

Abbildungen: Oliven, Speckpflaumen, gefüllte Partybrötchen

Getränkeempfehlung

Whisky, trockener weißer oder roter Vermouth oder Cocktails wie:

Negroni

Pro Person

2 cl Campari, 2 cl roter Vermouth und 1 cl Gin mit 3 Eiswürfeln verrühren und mit Orangenschale abspritzen.

Manhattan Dry

Pro Person

4 cl Canadian Whisky, 1 cl Vermouth dry und 1 dash Angostura im Glas mit Eiswürfeln verrühren.

Gefüllte Partybrötchen

ZUTATEN

16 Partybrötchen, 100 g Frischkäse, etwas Zitronensaft, 1 TL Noilly Prat, Salz, Pfeffer, 1 EL gehackter Dill, 2 EL geschlagene Sahne, 8 gegarte Riesengarnelen, Dillzweige, ca. 40 g Butter, 4 Roastbeefscheiben, frisch geraspelter Meerrettich

ZUBEREITUNG

- Die Brötchen durchschneiden.
- Frischkäse mit Zitronensaft und Noilly Prat verrühren, würzen und Dill und Sahne unterziehen.
- Die Hälfte der Brötchen mit der Creme bestreichen und mit je einer Riesengarnele und einem Dillzweig belegen. Den Deckel darauf setzen.
- Die restlichen Brötchen mit Butter bestreichen, mit je einer halben, aufgerollten Roastbeefscheibe belegen und mit Meerrettich bestreuen.

Teigschiffchen mit Gemüsetatar

ZUTATEN
Teig: 200 g Mehl, 1 Prise Salz, 50 g Schweineschmalz, 3-4 EL lauwarmes Wasser
Füllung: 250 g gemischte Gemüsesorten, wie z. B. Möhren, Stangensellerie, Kohlrabi, Zucchini, 150 g Mayonnaise, Salz, Pfeffer, etwas Zitronensaft, einige Kräuterblätter

ZUBEREITUNG
- Mehl, Salz und Schmalz in eine Schüssel geben, so viel Wasser wie nötig hinzufügen und rasch zu einem geschmeidigen Teig verkneten, 30 Minuten kühl gestellt ruhen lassen.
- Backofen auf 190° C vorheizen. Den Teig ausrollen und kleine Schiffchenförmchen damit auskleiden. Mit einer Gabel mehrmals einstechen und im heißen Backofen etwa 15 Minuten goldgelb backen.
- Das Gemüse in winzig kleine Würfel schneiden. Mit Mayonnaise vermischen und würzen.
- Vor dem Servieren in die Schiffchen füllen und garnieren.

Marinierte, gefüllte Speckpflaumen

ZUTATEN
24 Kurpflaumen (entkernt), 100 ml roter Portwein, 24 geschälte Mandeln, 24 hauchdünne Räucherspeckscheiben, 4 EL Keimöl

ZUBEREITUNG
- Die Kurpflaumen in Portwein über Nacht marinieren. Gut abtropfen lassen, mit je einer Mandel füllen und mit einer Speckscheibe umhüllen. Mit einem Zahnstocher feststecken, im erhitzten Öl rundherum kroß braten.

Abbildungen: diverse alkoholische Getränke, Schiffchen mit Gemüsetatar

FRÜHSCHOPPEN

Nach dem sonntäglichen Kirchgang war es für die Männer in Bayern einst unumstößlicher Brauch, im Wirtshaus nebenan einen Frühschoppen zu nehmen: frisch gezapftes Bier oder ein prickelndes Weißbier, dazu eine anregende Unterhaltung. Mit Hilfe dieses Aperitifs wuchs allmählich der Appetit auf den Schweinebraten mit Knödeln, den die Frau daheim in der Zwischenzeit zubereitet hatte. In ländlichen Gegenden wird diese Tradition immer noch gepflegt. Heute sieht man allerdings vor allem in den Städten zunehmend weibliche Gäste, die Spaß an diesem vormittäglichen geselligen Beisammensein haben. Möchten Sie auch einmal zu einem zünftigen Frühschoppen einladen? Sie werden sehen, dies wird ein großartiges Vergnügen, das allerdings bestimmt nicht – wie ursprünglich üblich – mit dem Zwölf-Uhr-Läuten endet.

FRÜHSCHOPPEN FÜR 10–12 PERSONEN

Weißwürste mit süßem Senf und knusprigen Brezen

Bayerischer Wurstsalat

Obatzda

Marinierte Geflügelteile

Schnittlauchbrote

Weißbier

PLANUNG UND VORBEREITUNG

Am Vortag

- Falls der Frühschoppen an einem Sonn- oder Feiertag stattfindet, 2 Weißwürste pro Person einkaufen. Besser schmecken sie jedoch frisch vom Metzger. Das gleiche gilt für Brezen, Brötchen und Bauernbrot.
- Wurstsalat ohne Zwiebeln zubereiten.
- Hähnchenteile marinieren.
- Obatzda ohne Zwiebeln anmachen.
- Getränke kalt stellen.

Abbildungen: Schnittlauchbrote, bayerischer Wurstsalat

2 Stunden vorher

- Die Geflügelteile grillen.
- Zwiebelwürfel unter den Salat und den angemachten Käse mischen.
- Wasser für Weißwürste erhitzen.
- Schnittlauch schneiden und dick auf gebutterte Brotscheiben streuen.
- Brötchen und Brezen aufbacken.
- Tisch decken, Gläser bereitstellen.

Beim Eintreffen der Gäste

- Die Weißwürste in das heiße Wasser geben und genüßlich die Weißbiere einschenken.

Getränkeempfehlung

Weißbier, Limonade und Sekt

Obatzda

ZUTATEN

500 g vollreifer Camembert, 3 Eigelb oder 100 g Butter, Salz, Pfeffer, 1–2 EL Paprika (edelsüß), 2 Zwiebeln, 1 Bund fein geschnittener Schnittlauch, Kümmel nach Geschmack

ZUBEREITUNG

- Camembert mit einer Gabel fein zerdrücken und Eigelb oder Butter unterrühren. Mit Salz, Pfeffer und Paprika herzhaft würzen.
- Eine Stunde vor dem Servieren Zwiebeln schälen, in kleine Würfel schneiden und mit dem Schnittlauch unter die Käsecreme mischen.

Wer mag, würzt die Käsecreme zusätzlich mit Kümmel.

Bayerischer Wurstsalat

ZUTATEN

14-16 Regensburger Würste, ½ l kalte Brühe, 6-8 EL Weißweinessig, 8 EL Keimöl, Salz, Pfeffer, 6 kleine Zwiebeln, 1 Bund Schnittlauch

ZUBEREITUNG

- Regensburger häuten, in Scheiben schneiden und auf einer tiefen Platte anrichten. Die Zutaten für die Marinade verquirlen und darüber gießen. Einige Stunden marinieren.
- 1 Stunde vor dem Servieren die geschälten Zwiebeln in feine Ringe schneiden, untermischen und mit Schnittlauchröllchen bestreuen.

Marinierte Geflügelteile

ZUTATEN

Je 12 Hähnchenkeulen und -flügel, 5 EL Ketchup, 5 EL Chilisauce, etwas Tabasco, 3 EL Aceto Balsamico, 2 EL dünnflüssiger Honig, 4 geriebene Knoblauchzehen, 1 EL Paprikapulver, Salz, frisch gemahlener Pfeffer

ZUBEREITUNG

- Geflügelteile waschen und trocken tupfen. Die übrigen Zutaten zu einer Marinade verrühren und die Geflügelteile damit bestreichen. Über Nacht marinieren und am nächsten Tag unter dem heißen Grill goldbraun und knusprig grillen.

BÜRO-FETE

Feiern fördern das Betriebsklima und ein Grund zum Feiern läßt sich in einem Büro immer finden. Die Vorbereitung für das Fest darf allerdings nicht zuviel Aufwand während der Arbeitszeit in Anspruch nehmen. Deshalb ist es am besten, zu Hause alles so vorzubereiten, daß Sie im Büro mit nur wenigen Handgriffen Ihren Schreibtisch in ein verführerisches Snack-Büfett verwandeln können.

BÜRO-FETE FÜR 10–12 PERSONEN

Salamihörnchen

Marinierte Fleischröllchen

Mini-Fischpflanzerl mit Senfsauce

Oliven, kleine Gürkchen und Silberzwiebeln

Käsepralinen

Käse-Streuselkuchen vom Blech

Aprikosen-Snacks

PLANUNG UND VORBEREITUNG

Am Vortag

- Erforderliche Lebensmittel und Getränke einkaufen.
- Servietten, Pappteller besorgen.
- Fleischröllchen zubereiten.
- Käsepralinen formen, kalt stellen.
- Salamihörnchen backen.
- Fischpflanzerl und Senfsauce herstellen.
- Käsekuchen backen.
- Alle Gerichte in Vorratsdosen verpacken oder in Alufolie hüllen.

Am Morgen

- Alle vorbereiteten Gerichte zusammenstellen und mit ins Büro nehmen.
- Brötchen einkaufen.
- Die Getränke im Büro kalt stellen.

Eine Stunde vorher

- Schreibtisch abräumen und zum Schutz abdecken.
- Alle Gerichte appetitlich auf Platten und Schüsseln verteilen und auf dem Schreibtisch anrichten.
- Gläser, Teller, Servietten und Gabeln oder Spießchen bereitlegen.

Getränkeempfehlung

Einige Flaschen spritzigen Weißwein, z. B. einen Prosecco frizzante oder einen Soave. Jungen Rotwein, z. B. Südtiroler Vernatsch oder Beaujolais Primeur, sowie einige Flaschen Bier. Mineralwasser und Säfte nicht vergessen, vor allem, wenn nach der Feier noch gearbeitet werden muß. Kaffee oder Tee zum Kuchen.

Dekovorschlag

- Schreibtisch abräumen und mit Papiertischtuch von der Rolle belegen. Den Tisch mit bunten Büroklammern bestreuen und dazwischen einige blühende Mini-Blumentöpfe stellen.
- Wenn keine Spülmaschine vorhanden ist, nehmen Sie Pappteller mit passenden Servietten. Falls nicht genügend Gläser vorhanden sind, kaufen Sie Billig-Gläser, denn aus einem Glas schmeckt jedes Getränk einfach besser.

REZEPTE FÜR 10–12 PERSONEN

Salamihörnchen

ZUTATEN

Teig: 400 g Magerquark, 2 Eier, 8 EL Keimöl, 500 g Mehl, 3 TL Backpulver, 1 TL Salz
Füllung: 200 g nicht zu harte Salami, 150 g geriebener, mittelalter Gouda, 3-4 EL Kapern, 3-4 EL Ketchup
Außerdem: 2 Eigelb, 4 EL Milch

ZUBEREITUNG

- Quark, Eier und Öl miteinander verrühren. Mehl, Backpulver und Salz vermischen und nach und nach unter die Quarkmischung rühren. Zu einem glatten Teig verkneten und zugedeckt 30 Minuten ruhen lassen.
- Salami und Käse in kleine Würfel schneiden, Kapern grob hacken und alles mit Ketchup verrühren.
- Teig etwa 2 mm dick ausrollen und Dreiecke mit einer Kantenlänge von 8 cm ausschneiden. Etwas von der Füllung auf die Breitseite geben, zur Spitze hin aufrollen und zu Hörnchen formen. Eigelb und Milch verquirlen und die Hörnchen damit bestreichen.
- Auf ein gefettetes Backblech setzen und im heißen Backofen etwa 20 Minuten goldbraun backen.

TIP

Hübsch sieht es aus, wenn Sie die Hörnchen nach dem Bestreichen mit Mohn oder Sesam bestreuen.

Marinierte Fleischröllchen

ZUTATEN
2 l Wasser, 1 Bund Suppengrün, 1 Lorbeerblatt, 1 Thymianzweig, Salz, einige Pfefferkörner, ⅛ l Weißweinessig, 1 kg ausgelöster Schweinerücken, 1 EL Dijonsenf, Salz, Pfeffer, 3–4 EL Weißweinessig, 5 EL Olivenöl (extra virgen), 2 Fleischtomaten, 1 Zwiebel, 2 EL gehackte Petersilie

ZUBEREITUNG
- Wasser mit dem klein geschnittenen Suppengrün, Kräutern, Gewürzen und Essig zum Kochen bringen und das Fleisch darin etwa 1 Stunde garen. Von der Kochstelle nehmen und im Sud erkalten lassen.
- Das abgekühlte Fleisch am besten mit der Aufschnittmaschine in dünne Scheiben schneiden. Von der Schmalseite her zusammenrollen und mit einem Zahnstocher zusammenstecken.
- Senf, Salz, Pfeffer, Essig und Öl mit etwa ⅛ l Kochflüssigkeit verquirlen.
- Die Röllchen dicht nebeneinander in eine Vorratsdose legen, mit der Vinaigrette begießen und gut durchziehen lassen.
- Tomaten häuten, halbieren und entkernen und wie die geschälte Zwiebel in kleine Würfel schneiden. Beides mit der frisch gehackten Petersilie vor dem Servieren über die Röllchen streuen.

TIP
Statt des Schweinerückens können Sie auch Kalbsrücken nehmen, der allerdings etwas teurer ist. Die Garzeit ist dann kürzer und die Röllchen sind noch saftiger.

Abbildungen: Blumenschmuck der Jahreszeit entsprechend, Mini-Fischpflanzerl

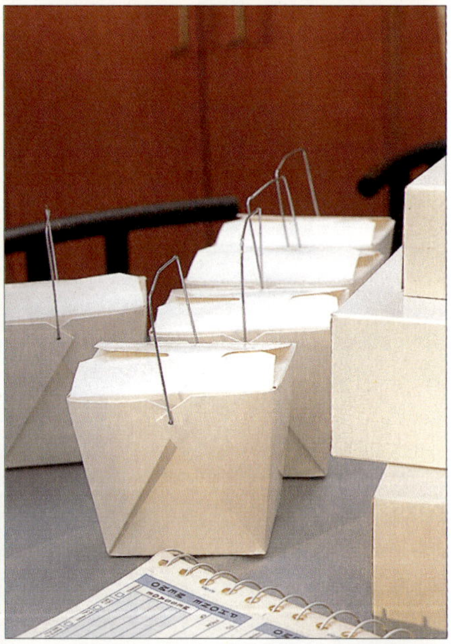

Mini-Fischpflanzerl

ZUTATEN

100 g Toastbrot, ¼ l heiße Milch, 2 Zwiebeln, 40 g Butter, 800 g Tiefkühl-Rotbarschfilet, 3 Eier, 1 EL gehackter Dill, 2 EL gehackte Petersilie, Salz, weißer Pfeffer, Cayennepfeffer, ca. 100 ml Keimöl

ZUBEREITUNG

- Toastbrot in heißer Milch einweichen. Zwiebeln schälen und in Butter glasig dünsten. Das leicht angetaute Fischfilet im Mixer fein pürieren und dabei das ausgedrückte Toastbrot, die Zwiebeln und die Eier dazugeben. Die Kräuter unterrühren und mit Salz, Pfeffer und Cayennepfeffer würzen.
- Mit nassen Händen Plätzchen von 4 cm Durchmesser formen.
- Öl in einer beschichteten Pfanne erhitzen und die Fischburger portionsweise darin goldbraun braten. Auf Küchenpapier abtropfen lassen.
- Dazu paßt vorzüglich Senfsauce.

Senfsauce

ZUTATEN

250 g Mayonnaise, 3 EL feinwürzigen Dijonsenf, 1 TL geriebener Meerrettich, 1 EL Orangenmarmelade, 1–2 EL Champagner- oder Weißweinessig, 2 EL Weißwein, weißer Pfeffer, Cayennepfeffer, 2 EL geschlagene Sahne

ZUBEREITUNG

- Mayonnaise mit Senf, Meerrettich, Orangenmarmelade, Essig und Wein gründlich verrühren und mit Pfeffer und Cayennepfeffer würzen. Die Sahne locker unterziehen.

Abbildungen: Käsepralinen, Salamihörnchen, Vino frizzante, praktische und originelle Verpackung zum Mitnehmen, Silberzwiebeln, Käse-Streuselkuchen

Käsepralinen

ZUTATEN
500 g Rahm-Frischkäse, 150 g sehr alter Gouda, 150 g Roquefort, 2 TL möglichst alter Aceto Balsamico, 1 TL Portwein, 1 TL Genever, jeweils ca. 80 g gehackte Pistazien und Walnüsse

ZUBEREITUNG
• Die Hälfte des Rahm-Frischkäses mit dem fein geriebenen Gouda, die andere Hälfte mit fein zerdrücktem Roquefort verrühren.
• Jede Masse mit 1 Teelöffel Essig würzig abschmecken.
• Roquefortmasse mit Portwein, die Goudamasse mit Genever verfeinern.
• Mit nassen Händen kleine Kugeln aus den Käsemassen formen.
• Die Roquefortkugeln in Pistazien und die Goudakugeln in Walnüssen wenden. Nebeneinander auf eine Platte legen und kalt stellen.
• Gut gekühlt servieren.

TIP

Besonders schön sehen die Käsepralinen aus, wenn man sie in Papierhüllen für Pralinen steckt. Man kann die Pralinen auch mit Parmesan und Grappa zubereiten oder mit Ziegenfrischkäse, unter den man geriebenen Ziegenhartkäse mischt. Auch in einem Mantel aus geriebenem Pumpernickel, gerösteten Weißbrotbröseln, Sesamsamen oder gehackten Pinienkernen wirken die Käsepralinen gut.

Käse-Streuselkuchen

ZUTATEN
Teig: 400 g Mehl, 2 TL Backpulver, 1 Prise Salz, 200 g Zucker, ½ TL gemahlener Zimt, 1 großes Ei, 150 g Butter
Quarkmasse: ½ l Milch, 1 aufgeschlitzte Vanilleschote, 60 g Speisestärke, 3 Eigelb, 200 g Zucker, 1 kg Magerquark, 100 g Rosinen, 80 g Mandeln, 3 Eiweiß, Fett für das Blech, Puderzucker zum Bestäuben

ZUBEREITUNG
• Die angegebenen Zutaten zu einem Mürbeteig verkneten und kühl stellen.
• Zwei Drittel der Milch mit der Vanilleschote zum Kochen bringen. Das Mark herauskratzen und die Schote entfernen. Die restliche Milch mit der Stärke verquirlen und in die kochende Milch einrühren. Aufkochen lassen und kalt stellen.
• Backofen auf 180° C vorheizen.
• Eigelb mit Zucker schaumig rühren und nach und nach den Quark hinzufügen. Den abgekühlten Flammeri und die Rosinen und Mandeln unterrühren. Zum Schluß den steif geschlagenen Eischnee unterziehen.
• Mit zwei Dritteln des Teiges ein gefettetes Backblech auslegen, die Quarkmasse darauf verteilen und den restlichen Teig darüber bröseln. Auf der mittleren Schiene des heißen Backofens etwa 45 Minuten goldbraun backen.
• Abgekühlt in 4 cm große Würfel oder in Streifen schneiden und mit Puderzucker bestäuben.

TIP

Am besten transportieren Sie den Kuchen vorgeschnitten und mit Alufolie bedeckt auf dem Backblech ins Büro.

Aprikosen-Snacks

ZUTATEN
300 g Tiefkühl-Blätterteig, etwa ½ Glas Aprikosenkonfitüre, 12 geschälte Mandeln, 12 große, vollreife Aprikosen, 50 g gehackte Pistazien

ZUBEREITUNG
• Backofen auf 220° C vorheizen.
• Den Blätterteig auftauen lassen. Die Platten leicht mit etwas Wasser bepinseln und übereinander legen. Mit dem Nudelholz 3 mm dick ausrollen und Kreise im Durchmesser von 8 cm ausstechen. Die Teigplätzchen in kleine, gefettete Tarteförmchen legen und jeweils in die Mitte etwas Aprikosenkonfitüre geben. Darauf eine Mandel legen.
• Aprikosen halbieren, entkernen und jede Mandel mit einer Aprikosenhälfte bedecken. Im heißen Backofen auf der mittleren Schiene 10 bis 12 Minuten backen.
• Die restliche Konfitüre erhitzen und die Aprikosen damit glasieren. Den Rand mit Pistazien bestreuen.

TIP

Frische, aromatische Aprikosen gibt es nur kurze Zeit. Sie können diesen kleinen Fruchtsnack natürlich auch mit anderen frischen Obstsorten zubereiten. Im Frühjahr schmeckt als Belag kurz vorgegarter Rhabarber sehr fein. Die Törtchen dann mit Erdbeer-Rhabarber-Konfitüre bestreichen, mit gehackten Mandeln bestreuen und nach dem Backen mit der gleichen Konfitüre glasieren. Den Rand mit gerösteten Mandelblättchen bestreuen.
Wichtig ist, daß Sie für die Büro-Fete Speisen auswählen, die sich gut vorbereiten lassen, gut transportabel sind und sich mundgerecht portionieren lassen.

SNACKS ZUM FERNSEH-ODER SPIELEABEND

Wer will schon mit Messer und Gabel essen, wenn jeden Moment ein Tor fallen kann oder die Tennisspieler gerade um den Satzball kämpfen? Dasselbe gilt für einen Spieleabend. Denn ständig die Karten aus der Hand zu legen, nur um sich ein weiteres Stückchen abzuschneiden, das stört die Konzentration erheblich. Die ideale Möglichkeit, den hungrigen Magen zu beruhigen, ist daher Fingerfood.

SNACKS FÜR EINEN GESELLIGEN ABEND FÜR 6–8 PERSONEN

Tomaten-Mozzarella-Spieße

Gefüllte Eier

Hackfleisch-Kartoffeltaler

Zucchiniröllchen

Rostbratwürstl in Blätterteig

Cornichons, Silberzwiebeln oder andere eingelegte Essiggemüse

Hefehörnchen

Kokosecken

PLANUNG UND VORBEREITUNG

Am Vortag

- Hackfleischröllchen zubereiten, braten und mit Alufolie umhüllt kalt stellen.
- Hefehörnchen backen.
- Kokosecken backen.

Einige Stunden vorher

- Ausreichend Getränke kühl stellen.
- Tomaten-Mozzarella-Spießchen und Vinaigrette zubereiten.
- Eier kochen und füllen.
- Zucchiniröllchen zubereiten.
- Rostbratwürstl in Blätterteig einhüllen und backen.

Kurz vor Eintreffen der Gäste

- Teller, Gläser und Servietten auf einem Beistelltisch bereitstellen.
- Die Hackfleischrolle aufschneiden und auf einer Platte anrichten.
- Essiggemüse in Schalen verteilen.
- Alle vorbereiteten Häppchen griffbereit auf den Tisch stellen.
- Bier einschenken und mit den Freunden gemeinsam genießen.

Getränkeempfehlung

So ein geselliger Fernseh- oder Spieleabend macht durstig. Kühles Pils ist da der beste Durstlöscher. Zum Anstoßen auf den Sieg oder als Trost bei einer Niederlage klaren Schnaps bereithalten, je nach Region Korn oder Obstbrand.

TIP

Vergessen Sie bei einem aufregenden Fernseh- oder Spieleabend nicht, genügend süße Häppchen bereitzustellen. Denn wenn es so richtig spannend wird, beruhigt Süßes am besten die Nerven.

Abbildung: Würstl im Blätterteig und gefüllte Oliven

REZEPTE FÜR 6–8 PERSONEN

Tomaten-Mozzarella-Spieße

ZUTATEN
24 Mini-Mozzarellakugeln, 24 Cocktailtomaten, 1 Bund Basilikum
Kräuter-Vinaigrette zum Dippen:
2 EL Weißweinessig, 1 EL Aceto Balsamico, Salz, 1 TL Kräutersenf,
5 EL Olivenöl (extra virgen),
2 EL frisch gehackte Frühlingskräuter

ZUBEREITUNG
• Mozzarellakugeln und Tomaten quer durchschneiden und jeweils eine Mozzarella- mit einer Tomatenhälfte sowie einem Basilikumblatt zusammensetzen und abwechselnd auf Spießchen stecken. Kräuter-Vinaigrette zubereiten und dazu reichen.

Zucchiniröllchen

ZUTATEN
2 mittelgroße Zucchini, ca. 2 EL Mehl, Salz, Pfeffer, 1 TL gerebelter Thymian, ca. 100 ml Olivenöl (extra virgen), 200 g Feta-Käse, je ½ rote und gelbe Paprika, 1 kleine Zwiebel, ½ geriebene Knoblauchzehe, je 1 TL gehackter Rosmarin, Thymian, Oregano, Sahne

ZUBEREITUNG
• Zucchini der Länge nach in dünne Scheiben schneiden und in einer Mischung aus Mehl, Salz, Pfeffer und Thymian wenden. Die Zucchinischeiben nacheinander in erhitztem Öl goldgelb braten und auf einem Küchenpapier abtropfen lassen.
• Feta-Käse fein zerdrücken, Paprikaschoten und geschälte Zwiebel in winzig kleine Würfel schneiden und mit dem Knoblauch und den Kräutern unter den Käse rühren. Würzen und so viel Sahne dazugeben, bis eine streichfähige Masse entsteht.
• Die Creme auf die Zucchinischeiben streichen, von der Schmalseite her aufrollen und mit Zahnstochern zusammenspießen.

Rostbratwürstl in Blätterteig

ZUTATEN
12 Nürnberger Rostbratwürstchen, 300 g Tiefkühl-Blätterteig, 2 EL scharfer Senf, 1 EL geriebener Meerrettich, 1 Eigelb, 2 EL Sahne, 2 EL Kümmel

ZUBEREITUNG
• Die Rostbratwürstchen goldbraun grillen oder braten und abkühlen lassen. Backofen auf 220° C vorheizen.
• Den aufgetauten Blätterteig etwa 3 mm dick ausrollen und 12 Dreiecke ausschneiden. Senf und Meerrettich verrühren und die Teigecken damit bestreichen. Die Würstchen so damit umhüllen, daß vorne und hinten ein Stückchen Wurst herausschaut. Auf ein mit Backpapier ausgelegtes Backblech legen.
• Eigelb und Sahne verquirlen, damit den Blätterteig bestreichen, mit Kümmel bestreuen. Im heißen Backofen 12 bis 15 Minuten knusprig backen.

Gefüllte Eier

ZUTATEN
8 hart gekochte Eier, 2–3 EL Mayonnaise, 50 g Räucherlachs, 1 EL fein geschnittener Dill, 4–5 in Öl eingelegte Sardellenfilets, Salz, Pfeffer, 1–2 EL kleine Kapern, 1 Dillzweig

ZUBEREITUNG
• Die Eier schälen und längs oder quer halbieren. Die Dotter vorsichtig herauslösen und durch ein feines Sieb streichen. Mit Mayonnaise verrühren.
• In die Hälfte der Masse den fein gehackten Räucherlachs und Dill unterrühren, in die andere Hälfte die fein gehackten Sardellen. Jede Creme mit Salz und Pfeffer abschmecken.
• Die Dottercreme in einen Spritzbeutel füllen und in die Eier spritzen. Die Sardelleneier mit Kapern, die Lachseier mit Dillzweigen garnieren.

Hackfleisch-Kartoffeltaler

ZUTATEN
Hackfleischteig: 2 Brötchen, ¼ l Wasser, 2 EL Zwiebelwürfel, 50 g Räucherspeckwürfel, 20 g Butter,
1 EL frisch gehackte Majoranblätter, 500 g Rinderhack, 1 TL Dijonsenf, Salz, Pfeffer
Kartoffelteig: 600 g am Vortag gekochte Spätkartoffeln, 50 g Mehl, 30 g Speckwürfel, 1 Eigelb, Salz, Muskat
Außerdem: etwas Eiweiß zum Bestreichen, Keimöl zum Braten

ZUBEREITUNG
• Aus den angegebenen Zutaten einen Hackfleischteig zubereiten und zu zwei Rollen von 2,5 cm Durchmesser und 20 cm Länge formen.
• Kartoffeln schälen, fein reiben und mit Mehl, Speckwürfeln und Eigelb zu einem glatten Teig verkneten. Mit Salz und Muskat würzen.
• Kartoffelteig auf einer bemehlten Arbeitsfläche zu zwei Rechtecken von 7 cm Breite und der Länge der Fleischrollen ausrollen. Mit Eiweiß bestreichen. Die Fleischrollen darauf legen, mit dem Teig umhüllen und die Ränder gut festdrücken. Backofen auf 200° C vorheizen.
• Öl in einer Kasserolle erhitzen und die Rollen darin rundherum goldbraun anbraten. Im heißen Backofen etwa 15 bis 20 Minuten fertig garen. Dabei immer wieder mit dem Bratfett bestreichen.
• Abgekühlte Rollen in 1 cm dicke Scheiben schneiden und auf einer Platte anrichten.

TIP
Sie können die Kartoffeltaler mit Mayonnaise aus der Tube bespritzen und mit Cornichons, Oliven, Tomatenschnitzen oder Petersilie garnieren.

Hefehörnchen

ZUTATEN
Kalter Hefeteig: 300 g Mehl, 1 Prise Salz, 50 g Zucker, 1 EL Vanillezucker, 20 g Hefe, 200 g kalte Butter
Füllung: ca. ½ Glas Preiselbeerkonfitüre
Außerdem: 50 g Zucker, ausgekratztes Mark von 1 Vanilleschote

ZUBEREITUNG
• Mehl mit Salz, Zucker und Vanillezucker vermischt auf eine Arbeitsfläche häufen. Die zerbröselte Hefe darüber streuen und die Butter in kleinen Stücken darüber verteilen. Zwischen den Fingern zerbröseln, dann zu einem glatten Teig verkneten.
• Teig zu einer Kugel formen und für 3 Stunden in eine Schüssel mit kaltem Wasser legen.
• Backofen auf 200° C vorheizen. Den Teig aus dem Wasser nehmen, mit einem Tuch abtrocknen und auf einer bemehlten Arbeitsfläche 3 bis 4 mm dick ausrollen. In 10 cm breite Streifen schneiden und diese in Dreiecke mit einer Breitseite von 5 cm teilen. Auf die Breitseite jeweils etwas Preiselbeerkonfitüre geben und zur Spitze hin aufrollen. Zu Hörnchen formen und auf ein mit Backpapier ausgelegtes Backblech legen. Im heißen Backofen auf der mittleren Schiene 12 bis 15 Minuten hellgelb backen.
• Zucker und Vanillemark auf einem Teller vermischen. Die gebackenen Hörnchen vorsichtig mit einer Palette vom Backblech nehmen und sofort in dem Vanillezucker wälzen.

TIP
Die Hefehörnchen sind auch ein ideales Gebäck zu Wein oder einer heißen Tasse Tee.

Kokosecken

ZUTATEN
Mürbeteig: 400 g Mehl, 1 Prise Salz, 120 g Zucker, 2 Eigelb, 200 g Butter, abgeriebene Schale von ½ unbehandelten Zitrone
Belag: 250 g Butter, 200 g Zucker, 4 cl Kirschwasser, 400 g Kokosflocken, etwa 250 g schwarze Johannisbeerkonfitüre
Außerdem: Fett für das Blech, 100 g Schokoladenkuvertüre

ZUBEREITUNG
• Die angegebenen Zutaten zu einem Mürbeteig verkneten und kalt stellen.
• Für den Belag Butter und Zucker in einer Pfanne unter Rühren goldgelb karamelisieren lassen. Mit Kirschwasser ablöschen und die Kokosflocken unterrühren. Abkühlen lassen. Backofen auf 180° C vorheizen.
• Den Teig auf einer bemehlten Arbeitsfläche etwa 4 mm dick ausrollen und ein gefettetes Backblech damit auslegen. Mit einer Gabel mehrmals einstechen und mit der Konfitüre bestreichen. Die Kokosmasse gleichmäßig darauf verteilen und die Oberfläche glatt streichen. Im heißen Backofen auf der unteren Schiene 20 bis 25 Minuten goldgelb backen.
• In kleine, mundgerechte Dreiecke oder Rauten schneiden und auf dem Blech abkühlen lassen.
• Die Schokoladenkuvertüre im Wasserbad schmelzen lassen, jeweils zwei Spitzen eintauchen und das Gebäck auf einem Kuchengitter abtropfen lassen.

TIP
Die Johannisbeerkonfitüre kann natürlich durch jede beliebige Konfitüre ersetzt werden.

Abbildungen: Kokosecken, Zucchiniröllchen, Hackfleisch-Kartoffeltaler

TAPAS

»Tapa« heißt »Deckel« und bezieht sich auf eine kleine Brotscheibe, mit der die Spanier früher das Sherryglas bedeckten, um sie anschließend zu verzehren. Im Laufe der Zeit wurden die Tapas üppiger. Es gesellten sich Oliven, Käse und der delikate Serrano-Schinken dazu. Diese kleinen kulinarischen Verführungen zum Sherry ißt man in Spanien am liebsten nach der Arbeit in einer Bar oder auch zu Hause. Laden Sie einfach mal liebe Freunde zu einem Tapas-Abend ein. Es ist für Gastgeber und Gäste gleichermaßen ein Riesenspaß mit wenig Aufwand.

TAPAS-ABEND FÜR 8 PERSONEN

Serrano-Schinken

Meeresfrüchte-Salat

Eingelegte große Kapern

Marinierte Paprikaschoten

Tortilla

Manchego

Salzmandeln

Verschiedene Sherrysorten wie Fino, Amontillado und Oloroso

PLANUNG UND VORBEREITUNG

Am Vortag

- Ca. 500 g Serrano-Schinken, in Scheiben geschnitten, ca. 500 g Manchego am Stück, große Kapern mit Stiel und in Öl eingelegte Paprikaschoten, spanische Salzmandeln sowie die Zutaten für die Tortilla und den Meeresfrüchte-Salat einkaufen.
- Sherry einkaufen. Fino kalt stellen.

Abbildungen: Tortilla sowie marinierte Paprika und Meeresfrüchte-Salat, Manchego (der bekannteste spanische Hartkäse), Serrano-Schinken, Amontillado-Sherry

Einige Stunden vorher

- Tortilla zubereiten, auf eine Platte stürzen und abkühlen lassen.
- Meeresfrüchte-Salat zubereiten.

Kurz vor Eintreffen der Gäste

- Manchego in Stücke schneiden. Schinken auf einer Platte anrichten.
- Tortilla in Stückchen teilen.
- Alles in kleine Schälchen verteilen.
- Kleine Teller, Besteck, Servietten und Sherrygläser auf den Tisch stellen. Jeder bedient sich selbst.

REZEPTE FÜR 8 PERSONEN

Meeresfrüchte-Salat

ZUTATEN

2 Knoblauchzehen, 1 Thymianzweig, 5 EL Olivenöl (extra virgen), 500 g tiefgekühlte Meeresfrüchte-Mischung, Salz, Pfeffer, Saft von 1 Zitrone, 4 gehäutete, in Öl eingelegte spanische Paprikaschoten, 1 Bund Petersilie

ZUBEREITUNG

- Geschälte Knoblauchzehen und Thymian in 3 EL erhitztem Öl anbraten. Die Meeresfrüchte gefroren hineingeben und unter Schwenken der Pfanne garen. Etwas abkühlen lassen.
- Mit Salz, Pfeffer und Zitronensaft würzen. Die Paprikaschoten in Streifen schneiden und mit der gehackten Petersilie unter den Salat mischen. Das restliche Olivenöl hinzufügen und, falls nötig, nachwürzen.

Tortilla

ZUTATEN

1 kg vorwiegend fest kochende Kartoffeln, 2 große Zwiebeln, 4–6 Knoblauchzehen, 8 EL Olivenöl (extra virgen), 8 Eier, 100 ml Milch, Salz, Pfeffer

ZUBEREITUNG

- Geschälte Kartoffeln in dünne Scheiben schneiden. Zwiebeln und Knoblauch schälen und in kleine Würfel schneiden.
- 6 EL Öl in einer großen Pfanne erhitzen und die Kartoffeln unter Rühren etwa 10 Minuten anbraten. Sie dürfen nicht bräunen. Zwiebeln und Knoblauch dazugeben und weitere 4 bis 6 Minuten braten.
- Eier und Milch verquirlen, salzen und pfeffern und auf die Kartoffeln gießen. Gründlich miteinander vermischen und zugedeckt etwa 5 Minuten stocken lassen.
- Das Omelett mit Hilfe eines Tellers wenden, restliches Öl in die Pfanne geben und auch die zweite Seite goldgelb braten. Auf Teller stürzen und abgekühlt in kleine Stücke schneiden.

TIP

Fino ist ein frischer, sehr trockener Sherry, den man gekühlt trinkt.

ANTIPASTI

Lassen Sie den Urlaub noch einmal Revue passieren. Sehen Sie sich gemeinsam mit Freunden Ihre Urlaubsfotos an und genießen Sie dazu die kulinarischen Köstlichkeiten aus dem herrlichen Italien!

ANTIPASTI FÜR 8–10 PERSONEN

Italienische Salami

Parmaschinken

Schwarze und grüne Oliven

Getrocknete, eingelegte Tomaten

Eingelegte Artischocken und Zwiebeln

Grissini

Tomaten mit Mozzarella

Crostini mit würziger Paste

Marinierte Sardinen

Polenta-Käsetaler

PLANUNG UND VORBEREITUNG

Am Vortag

• Je 250 g aufgeschnittene Salami und Parmaschinken einkaufen sowie alle übrigen benötigten Zutaten.
• Sardinen braten und marinieren.
• Paste für Crostinis vorbereiten.
• Polenta kochen, auf eine Platte streichen und zugedeckt kalt stellen.
• Getränke kalt stellen.

Einige Stunden vorher

• Polentawürfel füllen und braten.
• Teller, Gläser und Servietten auf einem Beistelltisch anrichten.

Kurz vor Eintreffen der Gäste

• Salami und Schinken auf Platten anrichten. Alle vorbereiteten Speisen auf den Tisch stellen.
• Tomaten mit Mozzarella und Basilikum anrichten. Olivenöl bereitstellen.
• Crostini fertig stellen.

Getränkeempfehlung

Prosecco oder Spumante und einen leichten, italienischen Weißwein, z. B. Galestro, anbieten.

REZEPTE FÜR 8-10 PERSONEN

Polenta-Käsetaler

ZUTATEN
½ l Milch, 100 g Maismehl, Salz, Muskat, 50 g geriebener Parmesan, 200 g in dünne Scheiben geschnittener Fontinakäse (oder Butterkäse), etwas Mehl, 1 Ei, Paniermehl, Keimöl zum Fritieren

ZUBEREITUNG
• Die Milch zum Kochen bringen und das Maismehl einrühren. Würzen und unter Rühren etwa 25 Minuten ausquellen lassen. Dann 30 g Parmesan untermischen.
• Die Masse ½ cm dick auf eine Platte streichen und erstarren lassen.
• Kleine Plätzchen aus der Polenta sowie aus den Käsescheiben ausstechen. Jeweils eine Käsescheibe zwischen zwei Polentascheiben legen, dann in Mehl, verquirltem Ei und zum Schluß in dem mit Parmesan vermischten Paniermehl wenden. In heißem Öl goldbraun ausbacken und auf Küchenpapier abtropfen lassen.

Crostini mit würziger Paste

ZUTATEN
100 g schwarze, entsteinte Oliven, 2 EL Kapern, 6 eingelegte Tomaten, 1 Knoblauchzehe, 2 Sardellenfilets, Pfeffer, Salz, ½ TL Thymian, 3 EL Olivenöl (extra virgen), toskanisches Weißbrot

ZUBEREITUNG
• Alle Zutaten im Mixer pürieren und so viel Olivenöl hinzufügen, bis eine streichfähige Creme entsteht. Weißbrotscheiben toasten, mit der Paste bestreichen und in Stücke schneiden.

Marinierte Sardinen

ZUTATEN
Saft von 1 Zitrone, 2-3 geriebene Knoblauchzehen, Salz, Pfeffer, 10 EL Olivenöl (extra virgen), 16 küchenfertige Sardinen, 4 EL Mehl, 2-3 EL Aceto Balsamico, ¼ l Weißwein, 2 EL gehackte Petersilie, 2 Zwiebeln, 1 unbehandelte Zitrone

ZUBEREITUNG
• Zitronensaft, Knoblauch, Salz und Pfeffer mit 5 EL Öl verrühren, die Sardinen damit begießen und einige Stunden marinieren.
• Trockentupfen, in Mehl wenden und im restlichen Öl goldbraun braten. Bratensatz mit Essig, Marinade und Wein aufgießen, aufkochen lassen und über die Sardinen gießen. Im Kühlschrank einige Stunden marinieren. Bunt garnieren.

Abbildung: verschiedene marinierte Gemüse und Polentataler

AMERIKANISCHE SNACK-PARTY

Daß die Amerikaner gastfreundliche Menschen sind, weiß jeder, der schon einmal Amerika bereist hat. Ganz spontan werden dort Gäste nach Hause eingeladen. Dabei werden unkomplizierte kleine Speisen angeboten, die sehr gut schmecken und wenig Mühe bereiten. Versuchen Sie es einmal mit nachfolgenden Rezeptideen.

AMERIKANISCHE SNACKS FÜR 8–10 PERSONEN

Buffalo Chicken Wings

Spareribs

Club Sandwiches

Lachs mit Frischkäse, Zwiebeln und Kapern

Shrimps mit Cocktailsauce

Popcorn und Chips

Amerikanisches Gebäck, fertig gekauft, z. B. Chocolate Chips und Cookies

PLANUNG UND VORBEREITUNG

Am Vortag

- Cocktailsauce und die Sauce zu den Chicken Wings anrühren.
- Eiswürfel auf Vorrat gefrieren.

Einige Stunden vorher

- Chicken Wings und Spareribs knusprig braten.
- Käsecreme für Lachs zubereiten.
- Popcorn machen.

Kurz vor Eintreffen der Gäste

- Teller, Besteck, Servietten und Gläser bereitstellen - eventuell eine amerikanische Tischflagge aufstellen.
- Die Sandwiches belegen.
- Alles auf kleinen Tellern oder Schalen anrichten.
- Cocktails mixen.

Getränkeempfehlung

Bloody Mary, Whisky sour oder auch andere Cocktails, wie z. B. Gin Fizz, oder auch nur Whisky on the Rocks.

REZEPTE FÜR 8 - 10 PERSONEN

Shrimps mit Cocktailsauce

ZUTATEN

Sauce: 200 g Ketchup, 1 EL geriebener Meerrettich, 1-2 EL frisch gepreßter Limettensaft, einige Spritzer Tabasco, pro Person ca. 2-4 gegarte, geschälte Shrimps

ZUBEREITUNG

- Ketchup und Meerrettich verrühren. Mit Limettensaft und Tabasco würzig abschmecken. Die Shrimps gut gekühlt an den Schüsselrand hängen oder in einer Schale anrichten.

TIP

Popcorn entweder fertig kaufen oder selbst aus Popcornmais nach Anleitung auf der Packung zubereiten.

Club Sandwiches

ZUTATEN

Weiche Brötchen oder Toastbrot, Schinken, Salami, Tomaten, Salatblätter, Zwiebelwürfel, Mayonnaise

ZUBEREITUNG

Brötchen quer in Scheiben schneiden, toasten, evtl. halbieren und die Scheiben abwechselnd mit Schinken, Salami, Tomatenscheiben, Salatblättern, Zwiebelwürfeln und Mayonnaise füllen.

Lachs mit Frischkäse

ZUTATEN

500 g Räucherlachs (in Scheiben geschnitten), 200 g Doppelrahm-Frischkäse, etwas Sahne, Salz, weißer Pfeffer, 4 rote Zwiebeln, 4-5 EL Kapern

ZUBEREITUNG

- Die Lachsscheiben auf einer Platte anrichten. Frischkäse mit Sahne verrühren und mit Salz und Pfeffer würzen. Die Zwiebeln schälen, in Würfel schneiden und wie die Kapern in eine Schale füllen.
- Jeder kann sich sein Brot nach Geschmack mit Lachs, Käsecreme, Zwiebeln und Kapern belegen.

Abbildungen: Deko passend zum Anlaß, Shrimps mit Cocktailsauce, Clubsandwich, Käsemaus mit Popcorn, Lachs mit Frischkäse, Chicken Wings (von links oben nach rechts unten)

Buffalo Chicken Wings

ZUTATEN
20 Chicken Wings, Salz, Pfeffer,
1 EL Paprika (edelsüß), 6 EL Keimöl,
3 EL Ketchup, Tabasco je nach gewünschter Schärfe
Dip: 100 g Frischkäse, 1–2 EL geriebener Meerrettich, 2–3 EL Sahne, Salz, weißer Pfeffer

ZUBEREITUNG
- Chicken Wings mit einer Mischung aus Salz, Pfeffer und Paprika einreiben und in heißem Öl bei mittlerer Hitze rundherum goldbraun braten.
- Ketchup und Tabasco verrühren und die Hähnchenflügel damit bestreichen.
- Nebeneinander auf einen Rost legen und unter dem heißen Grill goldbraun werden lassen.
- Für den Dip Frischkäse mit Meerrettich und so viel Sahne verrühren, bis eine cremige Konsistenz entsteht. Mit Salz und Pfeffer würzen.

TIP
1 kg möglichst kleine Schweinerippchen würzen und wie die Chicken Wings erst in der Pfanne fast gar braten, dann kurz unter dem heißen Grill goldbraun grillen.

Whisky sour
Pro Person
4 cl Bourbon, 2 cl Lemon Juice und 1 cl Zuckersirup im Shaker mit 2–3 Eiswürfeln schütteln und in ein Glas abseihen oder über Eiswürfeln im Whiskybecher servieren. Mit einer Cocktailkirsche dekorieren.

Bloody Mary
Pro Person
6 cl Wodka, 1 cl Lemon Juice, je 1 Spritzer Worcestersauce und Tabasco, Salz, frisch gemahlener Pfeffer, 100 ml Tomatensaft mit 3 Eiswürfeln im Shaker kräftig schütteln. In einem hohen Trinkglas servieren.

FERNÖSTLICHE VERFÜHRUNGEN

Verlockende Häppchen wie Frühlingsrollen, Wan tans oder Sushi heißen in Asien »Dim Sum« und werden zum Frühstück, mittags oder zwischendurch gegen den kleinen Hunger verzehrt. In fast allen fernöstlichen Ländern erhält man diese köstlichen Appetithäppchen frisch zubereitet an beinahe jeder Straßenecke.

FERNÖSTLICHE VERFÜHRUNGEN FÜR 6–8 PERSONEN

Ausgebackene Tofuwürfel

Scampi im Reispapiermantel

Hähnchenspieße

Erdnußsauce

Peperonisauce

Fertige Saucen aus dem Asienshop

Glückskekse (fertig gekauft)

PLANUNG UND VORBEREITUNG

Am Vortag

- Tofu, Scampi und Geflügelfleisch marinieren.
- Saucen zubereiten.
- Alles zugedeckt kalt stellen.

Einige Stunden vorher

- Tofuwürfel zubereiten.
- Scampi mit Reisblatt umhüllen und nach den Tofuwürfeln in der Friteuse goldbraun ausbacken.
- Hähnchenspieße grillen.

Abbildungen: typisch asiatisches Eßgeschirr, Hähnchenspieße, Scampi im Reispapiermantel

Kurz vor Eintreffen der Gäste

- Saucen in Schalen füllen, Snacks auf Platten verteilen und auf dem Tisch anrichten.
- Verschiedene Teesorten, Teetassen und Teekannen auf einem Beistelltisch bereitstellen.
- Teller und Servietten bereitlegen.

Getränkeempfehlung

Diverse Tees, z. B. Chinatee, Jasmintee oder grüner Tee.

REZEPTE FÜR 6-8 PERSONEN

Ausgebackene Tofuwürfel

ZUTATEN

250 g Tofu, 4 EL Sojasauce, 1 Spritzer Tabasco, fein gehacktes Zitronengras, 1 EL gehacktes Koriandergrün, 1 EL Sesamöl, 1 EL Zitronensaft, 2 EL Mehl, 2 Eier, ca. 80 g Sesam, Keimöl zum Ausbacken

ZUBEREITUNG

- Tofu in 2 mal 2 cm große Würfel schneiden und mit einer Marinade aus Sojasauce, Tabasco, Zitronengras, Koriandergrün, Sesamöl und Zitronensaft vermischen und einige Stunden marinieren.
- Gut abtropfen lassen und nacheinander in Mehl, verquirlten Eiern und Sesamsamen wenden. Die Panade gut festdrücken.
- Die Tofuwürfel in reichlich heißem Öl in wenigen Minuten goldbraun ausbacken. Auf Küchenpapier abtropfen lassen und mit Spießchen anrichten.

Scampi im Reispapiermantel

ZUTATEN
24 geschälte, rohe Riesengarnelen, Saft von 1 Zitrone, 1 geriebene Knoblauchzehe, 4 EL Keimöl, 1 gehackte Peperoni, 2 EL Fischsauce, weißer Pfeffer, 6 Reispapierblätter, etwas Eiweiß, Keimöl zum Ausbacken

ZUBEREITUNG
• Garnelen trocken tupfen.
• Zitronensaft, Knoblauch, Öl, Peperoni, Fischsauce und Pfeffer verrühren und die Garnelen damit vermischen. Im Kühlschrank einige Stunden marinieren.
• Die Reispapierblätter zwischen zwei nassen Tüchern befeuchten, bis sie formbar sind. Diagonal in vierTeile schneiden, die Ränder mit etwas verquirltem Eiweiß bestreichen und jeweils eine Riesengarnele damit umhüllen. Reichlich Öl in einer Friteuse erhitzen und die Päckchen darin goldbraun und kroß braten.

Erdnußsauce

ZUTATEN
150 g geschälte, ungesalzene Erdnüsse, ¼ l Kokosmilch, 2 EL Erdnußcreme, 1 EL Currypaste, Schale und Saft von ½ Limette, etwas Zucker, 2–4 EL Sahne

ZUBEREITUNG
• Die Erdnüsse in einer Pfanne ohne Fett goldbraun rösten. Abkühlen lassen und im Mörser fein zerstoßen.
• Kokosmilch, Erdnußcreme und Currypaste unter Rühren erhitzen und kurz aufkochen lassen. Dann die gemahlenen Erdnüsse, Limettenschale und -saft dazugeben und von der Kochplatte nehmen. Mit etwas Zucker abschmecken und so viel Sahne unterrühren, bis die Sauce cremig ist.

Hähnchenspieße

ZUTATEN
4 Hähnchenbrusthälften (je 150 g), 2 Knoblauchzehen, ½ gehackte Peperoni, 1 EL Zwiebelwürfel, etwas gehacktes Zitronengras, je 1 Msp gemahlener Kreuzkümmel und Koriander, 2 EL helle Sojasauce, 4 EL Kokosmilch, 2 EL Keimöl, Salz, frisch gemahlener Pfeffer

ZUBEREITUNG
• Das Hähnchenfleisch längs in 2 cm breite, dünne Streifen schneiden.
• Die restlichen Zutaten zu einer Marinade verrühren und die Fleischstreifen darin einige Stunden marinieren.
• Abgetropfte Fleischstreifen nacheinander wellenförmig auf 8 Holzspieße verteilen. Auf einen Rost legen und 10 bis 15 Minuten bei hoher Hitze grillen, dabei mit Marinade bestreichen.

Peperonisauce

ZUTATEN
3 rote und 2 grüne Peperoni, 4 Schalotten, 2 Knoblauchzehen, 1 TL Zucker, 4 EL Fischsauce, 5–6 EL Limettensaft, 1 TL gehacktes Koriandergrün

ZUBEREITUNG
• Peperoni, geschälte Schalotten und Knoblauchzehen in kleine Würfel schneiden. Mit Zucker, Fischsauce und Limettensaft verrühren. Kurz vor dem Servieren das Koriandergrün untermischen.

TIP

Ergänzen Sie Ihre selbst gemachten Saucen durch Fertigsaucen aus dem Asiengeschäft.

Abbildungen: stimmungsvolles Kerzenlicht, panierte Tofuwürfel, Glückskeks

KALTE UND WARME BÜFETTS

Ein feines und verlockendes Büfett vorzubereiten ist zugegebenermaßen ein wenig zeit- und arbeitsaufwendig. Doch wenn Sie gut planen, können Sie den Großteil der Arbeit bereits am Vortag erledigen. Dann bleibt Ihnen am Tag der Einladung noch genügend Zeit, das Büfett appetitlich aufzubauen und sich ein wenig auszuruhen, bevor Sie Ihre Gäste empfangen. Die Küchen fremder Länder sind wie geschaffen für Büfetts: Raffinierte Speisen vom Mittelmeer, aus Mexiko oder der Karibik sorgen für die kulinarische Grundlage, und die jeweils dazu passende Musik verleiht Ihrer Einladung das richtige Flair.

Parducci
PINOT NOIR
Parducci
PINOT NOIR

FEIERN WIE AM MITTELMEER

Erinnerungen werden wach: an blaues Meer, leuchtende Farben im Sonnenlicht, die Stille zwischen weißen Mauern in der Mittagshitze, das Stimmengewirr in einer Trattoria, den Duft von Kräutern und Oliven und vor allem an heitere Menschen. Es gibt nichts Schöneres, als an heißen Sommertagen diesen Zauber der Sinne im Garten oder auf dem Balkon aufleben zu lassen. Verwöhnen Sie sich und Ihre Freunde einmal mit verführerischen Köstlichkeiten aus den Mittelmeerländern von Gibraltar bis zum Bosporus.

MITTELMEERFEST FÜR 20 PERSONEN

Crostini mit Milzcreme und marinierten Tomaten

Gazpacho

Pizza Pane (Pizzabrot)

Marinierte Artischocken

Marinierter Rapa (italienisches Blattgemüse)

Rohes Gemüse mit pikantem Dip

Panzanella (Brotsalat)

Vitello tonnato

Gegarte Langustinen (siehe Tip)

Hähnchen mit Zitronensauce

Pfirsichtarte

PLANUNG UND VORBEREITUNG

Am Vortag

- Milzcreme für Crostini zubereiten.
- Gazpacho vorbereiten.
- Artischocken und Rapa marinieren.
- Dip anrühren.
- Vitello tonnato zubereiten.

Einige Stunden vorher

- Hähnchen braten.
- Pfirsichtarte backen.
- Panzanella anmachen.
- Gemüse und Salat putzen und klein schneiden.
- Pizzabrot vorbereiten.
- Tomaten marinieren.
- Crostini bestreichen und belegen.
- Das Büfett aufbauen und Gläser, Teller und Servietten bereitlegen.
- Sich eine kleine Entspannungspause gönnen.

Kurz vor Eintreffen der Gäste

- Pizzabrot backen.
- Rotwein öffnen und Aperitif einschenken.

Getränkeempfehlung

Zur Begrüßung einen Aperitif aus einem der Mittelmeerländer anbieten, entweder einen Campari wahlweise mit Orangensaft oder Soda, einen gut gekühlten Sherry (Fino) oder einen Ouzo oder Pernod mit Wasser.
Zum Essen passen leichte Landweine, rot und weiß, aus einem der Mittelmeerländer.

Dekovorschlag

Die Gerichte aus den sonnigen Ländern rund ums Mittelmeer sind eigentlich Dekoration genug. Dazu benötigt man im Grunde nur noch eine Terrasse oder einen Garten und schönes Wetter. Auf einem einfachen Holztisch wirken die bunten appetitlichen Speisen am besten. Ein üppiger Blumenstrauß unterstreicht die südliche Atmosphäre.

Crostini mit Milzcreme und marinierten Tomaten

ZUTATEN

Milzcreme: 4 EL Zwiebelwürfel, 4 gehackte Sardellen, 6 EL Olivenöl (extra virgen), 500 g geschabte Milz, 3 EL gehackte Petersilie, 1 TL Thymian, ⅛ l Vin Santo, Salz, Pfeffer
Tomatenbelag: 6 gehäutete Fleischtomaten, 1 Bund Basilikum, 3–4 zerdrückte Knoblauchzehen, 2 EL Zwiebelwürfel, Salz, Pfeffer
1 toskanisches Weißbrot

ZUBEREITUNG

- Für die Milzcreme Zwiebelwürfel und Sardellen in heißem Öl andünsten. Milz, Petersilie und Thymian dazugeben und mit anschwitzen. Mit Vin Santo ablöschen, würzen und sämig einkochen lassen.
- Für den Tomatenbelag die Tomaten in kleine Würfel schneiden und auf einem Sieb abtropfen lassen. Die Basilikumblätter klein hacken und mit Knoblauch und Zwiebelwürfeln unter die Tomaten mischen. Mit Salz und Pfeffer würzen.
- Weißbrot in Scheiben schneiden und rösten. Je die Hälfte mit Milzcreme bestreichen, die andere Hälfte mit Tomatenwürfeln belegen.

TIP

Gegarte Langustinen (fertig gekauft) in Stücke zerteilen und auf einer Platte mit dem marinierten Rapa anrichten.

REZEPTE FÜR 20 PERSONEN

Gazpacho

ZUTATEN
700 g entrindetes Weißbrot, 1½ l kalte Fleischbrühe, ca. 100 ml Weißweinessig, 2 kg Salatgurken, 2 kg Tomaten, 3 rote und 2 gelbe Paprika, 2 Gemüsezwiebeln, 400 ml Olivenöl (extra virgen), Salz, Pfeffer, 10–12 Knoblauchzehen

ZUBEREITUNG
• 500 g Brot mit Brühe und Essig begießen und einweichen. Gurken schälen, Tomaten häuten, Paprikaschoten entkernen und die Zwiebeln schälen. Von jeder Gemüsesorte ca. 200 g beiseite legen. Das restliche Gemüse nach und nach mit dem eingeweichten Brot und dem Öl im Mixer fein pürieren. Mit Salz, Pfeffer und durchgepreßtem Knoblauch abschmecken. Kalt stellen.
• Restliches Brot und Gemüse in kleine Würfel schneiden. Das Brot in Öl goldbraun rösten und mit dem Gemüse getrennt zur kalten Suppe reichen.

Marinierte Artischocken

ZUTATEN
20 kleine, frische Artischocken, ⅛ l Olivenöl (extra virgen), 3 Zitronen, 4 Thymianzweige, Salz, Pfeffer

ZUBEREITUNG
Artischocken putzen, vierteln und in heißem Olivenöl in der Pfanne anschwitzen, ohne Farbe nehmen zu lassen. Zitronensaft, Thymian, Salz, Pfeffer dazugeben, bei schwacher Hitze garen. Zugedeckt abkühlen lassen.

TIP

Für den marinierten Rapa, ein italienisches Blattgemüse, die Gemüsestengel verlesen, in kochendem Salzwasser kurz blanchieren, danach kalt abschrecken. Mit einer Marinade aus Zitronensaft, Olivenöl, Salz, Pfeffer und etwas Knoblauch begießen.

Vitello tonnato

ZUTATEN
2,5 kg Kalbsnuß, 1 EL Pfefferkörner, Salz, 3 Bund Suppengrün, 2 Lorbeerblätter, 3 Thymianzweige
Sauce: 8 Eigelb, ½ l Olivenöl (extra virgen), Saft von 3 Zitronen, Salz, 6 EL Kapern, 8 Sardellen, 5 Dosen in Öl eingelegter Thunfisch (je ca. 300 g)

ZUBEREITUNG
• Die Kalbsnuß mit den Pfefferkörnern in 4 l kochendem Salzwasser etwa 2½ Stunden gar kochen. Nach 1 Stunde das Suppengrün und die Kräuter dazugeben. Im Sud erkalten lassen.
• Für die Sauce aus Eigelb und Öl eine Mayonnaise zubereiten und mit Zitronensaft und Salz würzen. Die Hälfte der Kapern, die Sardellen und das abgetropfte Thunfischfleisch im Mixer pürieren. Durch ein Sieb streichen und mit der selbst gemachten Mayonnaise verrühren.
• Das abgekühlte Fleisch in dünne Scheiben schneiden, auf Platten anrichten, mit Fischsauce begießen und mit den restlichen Kapern bestreuen.

Panzanella (Brotsalat)

ZUTATEN
1 kg altbackene Weißbrotscheiben, ca. ⅛ l Rotweinessig, 2 Bund Frühlingszwiebeln, 800 g Tomaten, 1 Salatgurke, 200 ml Olivenöl (extra virgen), 3–4 durchgepreßte Knoblauchzehen, Salz, Pfeffer

ZUBEREITUNG
• Das Brot in etwa 400 ml Wasser und der Hälfte des Essigs einweichen. Zwiebeln putzen und in Röllchen schneiden. Tomaten achteln und die geschälte Gurke in Stücke schneiden.
• Das Brot grob zerkrümeln, mit dem Gemüse vermischen und mit einer Marinade aus dem restlichen Essig, Olivenöl, Knoblauch, Salz und Pfeffer anmachen. Gut durchziehen lassen.

Hähnchen mit Zitronensauce

ZUTATEN
20 Hähnchenbrüstchen, Salz, Pfeffer, Saft von 2 Zitronen, 2 EL Rosmarinnadeln, 2 EL Thymianblätter, 100 ml Olivenöl (extra virgen), ¼ l Hühnerbrühe, eventuell Zitronenschnitze und Kräuter zum Garnieren

ZUBEREITUNG
• Die Brüstchen salzen und pfeffern, mit Zitronensaft und den gehackten Kräutern einige Stunden marinieren.
• Die abgetrockneten Brüstchen in heißem Öl anbraten. Mit Marinade und Brühe aufgießen und zugedeckt etwa 15 Minuten garen.
• Abkühlen lassen und mit Zitronenschnitzen und Kräutern anrichten.

Pizza Pane (Pizzabrot)

ZUTATEN
2 Packungen Tiefkühl-Pizzateig, ca. ⅛ l Olivenöl, ca. 1 kg Tomatenstücke (frisch oder aus der Dose), Salz, Pfeffer, gerebelter Oregano

ZUBEREITUNG
• Backofen auf 220° C vorheizen. Aufgetauten Tiefkühl-Pizzateig zu einem ovalen Fladen formen und auf ein geöltes Backblech legen.
• Tomatenstücke mit Salz und Pfeffer würzen und darauf streichen. Mit Oregano bestreuen, mit Öl beträufeln und 15 Minuten knusprig backen.

Rohes Gemüse mit Dip

ZUTATEN
1 kg frisches Gemüse (nach Saison)
Dip: 250 g Mayonnaise, 100 g gekochte Maiskörner, 2 Essiggurken in Würfel geschnitten, 2 EL gehackte, gemischte Kräuter, Salz, Pfeffer, etwas Zitronensaft

ZUBEREITUNG
Gemüse putzen und in Stücke schneiden. Die Zutaten für den Dip verrühren und würzen.

Pfirsichtarte

ZUTATEN
Teig: 450 g Mehl, Salz, 75 g Zucker, 10–15 EL Eiswasser, 300 g kalte Butter
Belag: 1,5 kg Pfirsiche, Puderzucker

ZUBEREITUNG
- Aus den Zutaten einen Mürbeteig zubereiten und kalt stellen. Backofen auf 220° C vorheizen.
- 2 gefettete Tarteformen von 28 cm Durchmesser mit dem ausgerollten Teig auskleiden.
- Die Pfirsiche häuten, halbieren, entkernen und in dünne Spalten schneiden. Kreisförmig auf dem Teig verteilen, mit Puderzucker bestäuben und auf der mittleren Schiene 15 bis 20 Minuten backen. Noch einmal mit Puderzucker bestäuben und am besten lauwarm mit Schlagsahne genießen.

Marinierter Rapa

6–8 Rapastengel, Salz, 1–2 Knoblauchzehen, 8 EL Olivenöl, Saft von 1 Zitrone, Pfeffer

- Die Rapastengel putzen und waschen. In einem breiten Kochtopf Salzwasser zum Kochen bringen und das Gemüse darin portionsweise in wenigen Minuten bißfest kochen.
- Herausheben, in eiskaltem Wasser abschrecken und abtropfen lassen.
- Knoblauch schälen, fein zerdrücken und mit Öl und Zitronensaft zu einer cremigen Marinade verrühren. Mit Pfeffer und Salz würzen und das Gemüse damit marinieren.

TIP
Rapa ist eine italienische Stengelkohlart. Man verwendet die ganze Pflanze. Am besten schmeckt Rapa kurz vor der Blüte, von August bis Oktober.

Abbildungen: Campari mit Eis, Brotsalat, Pizzabrot, rohes Gemüse mit Dip, marinierte Artischocken, Pfirsichtarte (von links oben nach rechts unten)

VIVA LA MEXICO

Unter dem Begriff Tex-Mex (texanisch-mexikanisch) ist diese fremdartige Küche bei uns in den letzten Jahren populär geworden. Mexiko-Kenner sind jedoch davon überzeugt, daß die rein mexikanische Küche die abwechslungsreichere ist. Wie dem auch sei, Tacos, Tortillas, die diversen Salsas und pikanten Schmortöpfe sind ideal für eine Party mit vielen Gästen. Alles wird auf einem Büfett bereitgestellt, und jeder füllt sich seine Tacos nach seinem Geschmack oder taucht seine Chips in eine Sauce seiner Wahl. Denn das Wichtigste beim Feiern auf mexikanisch sind in erster Linie Spaß und Ungezwungenheit. Unterstützt wird die gute Laune mit landestypischen Powerdrinks wie Margarita, Tequila & Co.

MEXIKANISCHES BÜFETT FÜR 20 PERSONEN

Empanadas

Tortillachips mit Paprikapüree, Guacamole, Salsa cruda

Tacoschalen mit Chorizo und Kichererbsensalat

Rotbarschfilet in pikanter Tomatensauce

Chili con carne

Tortillas und Reis

Königskranz

PLANUNG UND VORBEREITUNG

Am Vortag

- Tortillas, Tortillachips, Tacos und die Zutaten für die Gerichte kaufen.
- Paprikapüree, Salsa cruda und Chorizo zubereiten.
- Kichererbsensalat anmachen.
- Fisch marinieren und Tomatensauce zubereiten.
- Chili con carne kochen.
- Königskranz backen.
- Empanadas-Füllung zubereiten.
- Alles zugedeckt kalt stellen.
- Mexikanische Musik organisieren.
- Getränke kühl stellen.

Einige Stunden vorher

- Empanadas backen.
- Guacamole herstellen.
- Das Büfett aufbauen.
- Teller, Gläser, Besteck, Servietten, Rechauds und Wärmeplatten bereitstellen.
- Tacos, Tortillachips und Tortillas aus der Packung nehmen und auf Platten bzw. Schüsseln verteilen. Reis körnig kochen.

Kurz vor Eintreffen der Gäste

- Fisch in den Backofen stellen.
- Kuchen leicht mit Puderzucker bestäuben.
- Getränke mixen.
- Die warmen Gerichte auf den Rechauds und Wärmeplatten verteilen.
- Musik auflegen und die Gäste mit Margarita oder Tequila Sunrise begrüßen.

Getränkeempfehlung

Zur Begrüßung zwei typische, weltweit bekannte mexikanische Drinks: Margarita und Tequila Sunrise.
Zum Essen paßt Bier, eventuell mexikanisches, oder ein kräftiger kalifornischer Chardonnay aus dem Barrique.
Unbedingt gut gekühlten Sangrita und Tequila bereitstellen.
Zum Abschluß trinkt man in Mexiko Kahlúa, einen mexikanischen Kaffeelikör, der bevorzugt mit leicht geschlagener Sahne bedeckt serviert wird.

Dekovorschlag

Als Einladungskarte bietet sich ein Mexikohut aus Fotokarton an, bunt bemalt und beschriftet mit den wichtigsten Angaben zum Fest. Besorgen Sie Papierservietten mit mexikanischem Design. Pfiffig wirkt auch ein großer Pappmachékaktus auf dem Büfett. Für romantische Stimmung sorgt Kerzenlicht.

Margarita

Pro Person
3–4 Eiswürfel, 2 cl Cointreau,
2 EL Limettensaft, 4 cl Tequila
Alles im Shaker gründlich durchmixen und vorsichtig in ein Glas mit Salzrand gießen.

Tequila Sunrise

Pro Person
Ein Glas zur Hälfte mit gestoßenem Eis füllen. 4 cl Tequila, 2 cl Grenadine darüber gießen und mit Orangensaft auffüllen. Umrühren und mit Strohhalm servieren.

TIP

Ein scharfes Mitternachtssüppchen ist zu später Stunde meist sehr willkommen.

Abbildungen: Caipirinha (Rezept Seite 77), Kichererbsensalat, Tacoschale mit Chorizo und Salsa cruda mit Tortillachips (von links oben nach rechts unten)

REZEPTE FÜR 20 PERSONEN

Empanadas

ZUTATEN
Füllung: 3 EL Zwiebelwürfel,
2 EL Keimöl, 500 g Rinderhackfleisch, 2 Eier, 50 g Korinthen, 4 getrocknete Aprikosen, 30 g geröstete Pinienkerne, Salz, Pfeffer, etwas Zimt und Piment, 1–2 gehackte Chilischoten
Außerdem: 600 g Tiefkühl-Blätterteig, 2 Eigelb zum Bestreichen

ZUBEREITUNG
• Für die Füllung die Zwiebeln in Öl glasig andünsten. Das Hackfleisch dazugeben und die Eier, die Korinthen, die klein geschnittenen Aprikosen und die Pinienkerne untermischen. Würzen und abkühlen lassen.
• Backofen auf 220° C vorheizen.
• Blätterteig auftauen lassen, 3 mm dick ausrollen und Kreise im Durchmesser von 8 cm ausstechen. Jeweils etwas von der Füllung in die Mitte geben, zusammenklappen und die Ränder mit einer Gabel zusammendrücken. Mit verquirltem Eigelb bestreichen und im heißen Backofen 15 bis 20 Minuten goldbraun backen.

Paprikapüree

ZUTATEN
8 rote Paprikaschoten, 4–6 Knoblauchzehen, 2–3 Chilischoten, 5 EL Olivenöl (extra virgen), Salz, Pfeffer

ZUBEREITUNG
• Paprikaschoten halbieren, entkernen und mit den Schnittflächen nach unten auf ein Backblech legen. Die geschälten Knoblauchzehen dazulegen. Mit Alufolie gut abdecken. Bei 200° C im Backofen 1 Stunde rösten.
• Abkühlen lassen. Die Schoten häuten und mit den Knoblauchzehen und den klein gehackten Chilischoten im Mixer pürieren. Das Öl unterrühren und mit Salz und Pfeffer würzig abschmecken.

Salsa cruda

ZUTATEN
10 Fleischtomaten, 2 Bund Frühlingszwiebeln, 3–4 Chilischoten, Saft von 2 Limetten, Salz, Pfeffer, 2 EL gehacktes Koriandergrün, 5 EL Olivenöl (extra virgen)

ZUBEREITUNG
• Tomaten häuten und entkernen. Frühlingszwiebeln putzen und wie das Tomatenfruchtfleisch in kleine Würfel schneiden. Chilischoten hacken und alles vermischen. Würzen und zugedeckt einige Stunden kalt stellen.
• Vor dem Servieren die Flüssigkeit abgießen und das Öl unterrühren.

Guacamole

ZUTATEN
5 Avocados, Saft von 3 Limetten, 3 Zwiebeln, 2 Knoblauchzehen, Salz, Pfeffer, etwas Chilipulver

ZUBEREITUNG
Avocados schälen, halbieren und entkernen. Das Fruchtfleisch mit einer Gabel fein zerdrücken und den Limettensaft und die in Würfel geschnittenen Zwiebeln und Knoblauchzehen untermischen. Mit Salz, Pfeffer und Chilipulver würzen.

Chorizo

ZUTATEN
1 kg Schweinemett, 4–5 durchgepreßte Knoblauchzehen, 1 TL Kreuzkümmel, 8 Korianderkörner, 1 EL gerebelter Oregano, 4 EL Paprikapulver (edelsüß), 8 EL Sangrita, 2 EL Sherryessig, 4 cl Tequila, Salz, Pfeffer, 6 EL Keimöl

ZUBEREITUNG
• Bis auf das Öl alle Zutaten zu einem Fleischteig verarbeiten. Zugedeckt über Nacht durchziehen lassen.
• Fleischmischung unter Rühren in heißem Öl anbraten. Heiß oder kalt in Tacos oder Tortillas füllen.

Rotbarsch in Tomatensauce

ZUTATEN
2 kg Rotbarschfilet, Salz, Saft und Schale von 3 Limetten, 4 zerdrückte Knoblauchzehen, 5 EL Keimöl
Sauce: 1,2 kg Tomaten, 2 Knoblauchzehen, 2 Zwiebeln, 2 Lorbeerblätter, 2 Chilischoten, 100 ml Fischfond, Salz, 4 EL Kapern, 50 g grob gehackte Oliven, 3 EL gehackte Mandeln, 3 EL gehacktes Koriandergrün

ZUBEREITUNG
• Fisch in 20 Portionen teilen und mit den übrigen Zutaten einige Stunden marinieren.
• Für die Sauce Tomaten klein schneiden und mit Knoblauchzehen, Zwiebeln, Kräuter, Chililschoten und Fischfond 40 Minuten köcheln lassen. Passieren und etwas einkochen lassen. Dann die restlichen Zutaten untermischen. Backofen auf 180° C vorheizen. Den Fisch in zwei Auflaufformen verteilen, mit der Sauce begießen und im heißen Backofen 30 Minuten überbacken.

Chili con carne

ZUTATEN
1,5 kg Rinderhackfleisch, 8 EL Keimöl, 300 g Zwiebelwürfel, 5 gehackte Knoblauchzehen, 2 Bund Suppengrün, 2 große Dosen Tomatenstücke, ½ l Brühe, ¼ l Rotwein, Salz, Pfeffer, 2 Lorbeerblätter, 5–6 gehackte Chilischoten, 3 große Dosen rote Bohnen

ZUBEREITUNG
• Rinderhack unter Rühren in heißem Öl anbraten. Zwiebeln, Knoblauch und das klein geschnittene Suppengrün mit anschwitzen. Tomaten unterrühren, aufkochen lassen und mit Brühe und Rotwein aufgießen. Mit Salz und Pfeffer würzen und die Lorbeerblätter und Chilischoten dazugeben. Etwa 1 Stunde köcheln lassen.
• Abgetropfte Bohnen untermischen und noch weitere 30 Minuten bei schwacher Hitze durchziehen lassen.

Kichererbsensalat

ZUTATEN
2 große Dosen Kichererbsen,
1 kg grüne Bohnen, 3 rote Paprikaschoten, 3 rote Zwiebeln, 2 zerdrückte Knoblauchzehen, 2 Chilischoten,
4–5 EL Weißweinessig, Salz, Pfeffer,
100 ml Olivenöl (extra virgen),
1 Bund gehackte Petersilie

ZUBEREITUNG
• Kichererbsen abtropfen lassen. Bohnen putzen, in kleine Stücke brechen und in kochendem Salzwasser bißfest garen. Abtropfen lassen und kalt abschrecken. Die Paprikaschoten entkernen, Zwiebeln schälen und jeweils in kleine Würfel schneiden.
• Knoblauch, gehackte Chilischoten, Essig, Salz, Pfeffer und Öl verrühren. Den Salat anmachen, durchziehen lassen. Mit Petersilie bestreuen.

Königskranz

ZUTATEN
Teig: 40 g Hefe, ¼ l lauwarme Milch,
500 g Mehl, 120 g Zucker, Salz,
150 g Butter, 3 Eier, 5 Eigelb,
2 EL geriebene, unbehandelte Orangenschale, 80 g in Würfel geschnittenes Orangeat, 80 g gehackte Pistazienkerne, 2 EL Orangenblütenwasser
Außerdem: 40 g zerlassene Butter,
Puderzucker zum Bestäuben

ZUBEREITUNG
• Die Zutaten zu einem geschmeidigen Hefeteig verarbeiten. Zum Schluß das Orangeat, die Pistazien und 1 EL Orangenblütenwasser dazugeben. Den Teig ca. 45 Minuten gehen lassen.
• In einer Kranzform (28 cm Ø) verteilen und im 180° C heißen Backofen etwa 40 Minuten goldgelb backen.
• Abkühlen lassen. Butter und restliches Orangenblütenwasser verrühren, den Kranz damit bestreichen. Mit Puderzucker bestäuben.

Abbildungen: Büfett mit südamerikanischer Stimmung, Margarita (Rezept Seite 73)

KARIBIK-PARTY

Karibik, da denkt man an Urlaub, Palmen, Sonne, weiße Strände, blumengeschmückte Menschen und exotische Drinks. Haben Sie Fernweh nach diesen sonnigen Gefilden, dann sorgen Sie doch einfach für heitere Ferienstimmung bei sich zu Hause. Laden Sie Ihre Freunde einmal zu einer karibischen Party ein mit würzig-exotischen Speisen, fruchtigen Rum-Mixgetränken und heißen Rhythmen.

KARIBISCHER ABEND FÜR 10–12 PERSONEN

Hühnerbrühe mit Shrimps, Gemüse und Zitronengras

Hähnchen mit Früchten, Chili und Kokos

Fisch-Garnelen-Bällchen

Chili-Tomatensauce

Roter Bohnenreis

Kokos-Ananas-Trifle

PLANUNG UND VORBEREITUNG

Am Vortag

- Hühnerbrühe kochen.
- Fisch-Garnelenbällchen zubereiten und einfrieren.
- Die Sauce zubereiten und zugedeckt kühl stellen.
- Kokos-Ananas-Trifle vorbereiten.
- Getränke kühl stellen.
- Eiswürfel auf Vorrat herstellen.
- Karibische Musik organisieren.

Einige Stunden vorher

- Hähnchengericht schmoren.
- Bohnenreis zubereiten.
- Fisch-Garnelenbällchen auftauen.
- Trifle mit Baisermasse bedecken und gratinieren.
- Einen Tisch für das Büfett dekorieren. Teller, Besteck, Servietten, ein Rechaud oder eine Wärmeplatte für die Suppe bereitstellen.
- Auf einem extra Tisch verschiedene Cocktailgläser sowie Eisbehälter und Eiskübel für die Getränke anrichten.
- Begrüßungsdrinks mixen und die Songs von Harry Belafonte auflegen.

Getränkeempfehlung

Bei einem karibischen Fest dürfen die unwiderstehlichen Drinks dieser Region natürlich nicht fehlen.
Deshalb: Alle Zutaten für Piña Colada, Planter's Punch und Cuba libre gut gekühlt bereitstellen, damit sich jeder nach Herzenslust seinen Lieblingsdrink mixen kann. Diejenigen, die auf Alkohol verzichten möchten, mixen sich ihre Drinks einfach ohne Rum.

Dekovorschlag

Das Büfett mit einem bunten, farbenfrohen Tischtuch bedecken. Als Dekoration eignen sich Kokosnüsse und Ananas oder ein großer Korb mit exotischen Früchten. Ideal ist es natürlich, die Party im Freien zu feiern.

TIP

Vergessen Sie nicht, gut gekühlte, exotische Fruchtsäfte bereitzustellen. Sie eignen sich ideal für die alkoholfreie Erfrischung zwischendurch und zum Mixen der karibischen Cocktails.

Piña Colada

Für 10–12 Personen
200 ml Sahne, 200 ml Kokosnußcreme, ½ l Ananassaft, ½ l weißer Rum, reichlich gestoßenes Eis
Alles miteinander verquirlen und auf gestoßenem Eis in Longdrinkgläsern mit einem Trinkhalm servieren.

Planter's Punch

Für 10–12 Personen
200 ml Zitronensaft, 200 ml Grenadine, ½ l frisch gepreßter Orangensaft, ½ l Ananassaft, ¾ l brauner Jamaica Rum, reichlich Eiswürfel
Alles kräftig durchmixen. Eiswürfel in ein Longdrinkglas geben und den Drink darüber gießen. Mit einem Trinkhalm servieren.

Cuba libre

Pro Person
4 Eiswürfel, 4 cl weißer Rum, 200 ml Cola, Saft von ¼ Limette
Eiswürfel in ein hohes Glas geben, mit Rum begießen und mit Cola auffüllen. Zum Schluß noch Limettensaft dazugießen.

Caipirinha

Pro Person
1 Limette, 1 TL brauner Zucker, 5 cl Cachaça (Pitù), gestoßenes Eis
Die kleingeschnittene Limette in einem Tumbler mit dem Zucker mit Hilfe eines Mörserstößel zerquetschen, Chacaça dazugießen, mit Eis auffüllen und umrühren.
(Foto Seite 72)

REZEPTE FÜR 10–12 PERSONEN

Hühnerbrühe mit Shrimps, Gemüse und Zitronengras

ZUTATEN
1 kg Hühnerklein, 1 Zwiebel mit 2 Nelken gespickt, 8 Korianderkörner, etwas frische Ingwerwurzel, 3 l Wasser, Salz, 1 Lauchstange, 4 Selleriestangen, 4 Möhren, 100 g kleine Zuckerschoten, 2 Zitronengrasstengel, 2 cl Sherry (Fino), ca. 400 g ausgepulte Shrimps

ZUBEREITUNG
• Hühnerklein, gespickte Zwiebel, Koriander und Ingwer mit kaltem Salzwasser bedecken und 2 Stunden köcheln lassen.
• Lauch putzen, Selleriestangen waschen und Möhren schälen. Alles in feine Streifen schneiden. Von den Zuckerschoten die Enden abknipsen.
• Die Brühe durch ein mit einem Mulltuch ausgelegtes Sieb gießen. Erneut zum Kochen bringen und das vorbereitete Gemüse darin bißfest kochen. Das geschnittene Zitronengras, den Sherry und die Shrimps kurz darin erhitzen.

Chili-Tomatensauce

ZUTATEN
2 Fleischtomaten, 2 Selleriestangen, 2 Schalotten, 2 Knoblauchzehen, 2–4 rote Chilischoten, 1 EL gehacktes Koriandergrün, Salz, Pfeffer, je 1 Msp gemahlener Koriander und Zimt, 1 EL geriebene Ingwerwurzel, 1 EL Sherry-Essig, 2 EL Sherry (Fino), 4 EL Ketchup

ZUBEREITUNG
• Tomaten blanchieren, häuten und wie die Selleriestangen, die Schalotten, Knoblauchzehen und Chilischoten in kleine Würfel schneiden.
• Alles vermischen und das Koriandergrün, die Gewürze, den Essig, den Sherry und das Ketchup unterrühren.

Hähnchen mit Früchten, Chili und Kokos

ZUTATEN
3 Hähnchen à 1,5 kg, Salz, Pfeffer, 4 Chilischoten, Saft und Schale von 4 Limetten, 2 Gemüsezwiebeln, 4 Knoblauchzehen, 1 Ananas, 1 Papaya, 1 Mango, 30 g frische Ingwerwurzel, ca. 80 g Kokosflocken, 6 EL Keimöl, ½ l Hühnerbrühe

ZUBEREITUNG
• Die Hähnchen in 8 Teile schneiden und mit Salz und Pfeffer würzen. Chilischoten fein hacken. Salz, Chiliwürfel, Limettenschale und -saft miteinander verrühren und die Geflügelteile damit einreiben. Zugedeckt einige Stunden marinieren.
• Zwiebeln und Knoblauch schälen und in Würfel schneiden. Die Früchte schälen, Ananas und Papaya halbieren. Von der Ananas das Mittelstück herauslösen, die Papaya entkernen und das Mangofruchtfleisch mit einem scharfen Messer vom Kern lösen. Früchte in kleine Stücke schneiden, Ingwer schälen und reiben.
• Die Marinade von den Hähnchenteilen streifen und aufbewahren. Geflügelstücke in den Kokosflocken wenden. Backofen auf 150° C vorheizen.
• Die Geflügelteile portionsweise in heißem Öl goldgelb braten, auf ein Backblech legen und im Backofen warm halten.
• Zwiebeln und Knoblauch im Bratfett glasig dünsten. Früchte und Marinade dazugeben, anschwitzen und mit Brühe aufgießen. Kurz durchkochen lassen und noch einmal würzig abschmecken.
• Gegarte Hähnchenteile auf einer Platte anrichten, dazu die Fruchtsauce in einer separaten Schale reichen.
• Das Geflügelgericht schmeckt warm oder kalt.

Fisch-Garnelen-Bällchen

ZUTATEN
600 g mehlig kochende Kartoffeln, 400 g Rotbarschfilet, 2 Scheiben Toastbrot, 4 EL heiße Milch, 1 Zitronengrasstengel, 3 EL Schalottenwürfel, 100 g Krabben, Salz, weißer Pfeffer, Zitronensaft, ca. 80 g Sesamsamen zum Wenden, Keimöl zum Ausbacken

ZUBEREITUNG
• Kartoffeln kochen, schälen und heiß durch die Kartoffelpresse drücken. Fischfilet in Würfel schneiden. Toastbrot entrinden, in heißer Milch einweichen und ausgedrückt zusammen mit den Fischwürfeln im Mixer fein pürieren. Fein gehacktes Zitronengras, Schalottenwürfel sowie die grob gehackten Krabben dazugeben. Mit Salz, Pfeffer und Zitronensaft würzen und kleine Bällchen daraus formen.
• In Sesamsamen wenden und im 180° C heißen Öl portionsweise ausbacken. Die Bällchen schmecken heiß oder kalt mit Chili-Tomatensauce.

Roter Bohnenreis

ZUTATEN
1 Zwiebel, 2 Knoblauchzehen, 2 rote Chilischoten, 3 EL Keimöl, 300 g Basmati-Reis, ½ l Hühnerbrühe, 100 ml Kokosmark, 4 cl Sherry (Fino), Salz, Pfeffer, 2 Dosen rote Bohnen (je ca. 280 ml), 6–8 frische Minzeblätter, 2 EL geröstete Kokosflocken

ZUBEREITUNG
• Zwiebel, Knoblauch und Chilischoten in Würfel schneiden und in Öl glasig dünsten. Den Reis einrühren und mit Hühnerbrühe, Kokosmark und Sherry aufgießen. Würzen und zugedeckt etwa 10 bis 12 Minuten ausquellen lassen. Die abgetropften Bohnen mit den geschnittenen Minzeblättern unter den Reis mischen. Kurz erwärmen und mit Kokosflocken bestreut servieren.

Kokos-Ananas-Trifle

ZUTATEN
Biskuit: 4 Eigelb, 80 g Zucker, 4 Eiweiß, 100 g Mehl, 25 g Speisestärke, 2 EL flüssige Butter
Füllung: Fruchtfleisch von 1 Ananas, 4 cl weißer Rum zum Marinieren, 4 Eigelb, 3 EL Vanillezucker, Muskat, ⅛ l Kokosmark, ⅛ l Ananassaft, ⅛ l Sahne, 4 cl weißer Rum, 250 g Passionsfruchtkonfitüre, 100 g Kokosflocken
Außerdem: 4 Eiweiß, 100 g Zucker

ZUBEREITUNG
- Aus den Zutaten einen Biskuit zubereiten, die flüssige Butter unterziehen und auf ein mit Backpapier ausgelegtes Backblech streichen. Bei 200° C ca. 10 bis 12 Minuten backen.
- Die Platte stürzen, das Papier abziehen und abkühlen lassen. In drei gleich breite Teile schneiden. Ananasfruchtfleisch in Stifte schneiden und in Rum marinieren.
- Eigelb, Vanillezucker und Muskat schaumig schlagen und nach und nach Kokosmark, Ananassaft, Sahne und Rum dazugießen.
- Einen Teigstreifen in eine feuerfeste Form mit hohem Rand legen, mit etwa einem Drittel der Eigelb-Mischung tränken. Mit der Hälfte der Konfitüre bestreichen, die Hälfte der Ananasstücke darauf verteilen und mit einem Drittel der Kokosflocken bestreuen. Den Vorgang wiederholen. Den Abschluß bildet der Biskuitstreifen, der mit der restlichen Eigelb-Mischung getränkt wird.
- Eiweiß und Zucker zu sehr steifem Schnee schlagen, restliche Kokosflocken untermischen und die Masse dick auf dem Kuchen verteilen. Im heißen Backofen auf der unteren Schiene etwa 35 Minuten goldgelb backen. Das Trifle in der Form erkalten lassen und gut gekühlt servieren.

Abbildungen: Kokos-Ananas-Trifle, Hähnchen mit Früchten, Brühe mit Shrimps, Chili-Tomatensauce und Fischbällchen, Caipirinha, Karibik-Flair (von links oben nach rechts unten)

ERNTEDANKFEST

Das Erntedankfest, Anfang Oktober, ist Abschluß und zugleich Höhepunkt der Erntezeit. Ein Fest, das auf dem Lande schon immer allerhöchste Bedeutung hatte. Zwar können Stadtmenschen dieses Fest nicht auf ländliche Art und Weise begehen, doch es macht auch in der Stadt einmal Spaß, ein Erntedankbüfett mit all den Köstlichkeiten der Natur zu gestalten. Nachfolgendes Büfett eignet sich übrigens auch bestens für ein originelles Weinfest mit Federweißem.

BÜFETT FÜR 10–12 PERSONEN

Kürbissuppe mit Kürbiskernen

Kartoffelbrot

Angemachter Topfen

Diverse Schinken- und Wurstsorten nach Geschmack

Gänseschmalz mit Äpfeln

Putenkeulen auf Weißkohl

Kartoffel-Pilzkuchen

Apfelschnitten mit Sahne

Kürbis-Pie

PLANUNG UND VORBEREITUNG

Einige Tage vorher

- Gänseschmalz zubereiten.

Am Vortag

- Kürbissuppe kochen.
- Kartoffelbrot backen.
- Kürbis-Pie backen.
- Teig und Füllung für die Apfelschnitten zubereiten.

Einige Stunden vorher

- Topfen anmachen.
- Kartoffel-Pilzkuchen zubereiten.
- Apfelschnitten fertig stellen.
- Kartoffelbrot nochmals aufbacken.
- Putenkeule und Weißkohl zum Schluß schmoren, damit das Gericht beim Eintreffen der Gäste heiß aus dem Backofen serviert werden kann.
- Büfett vorbereiten.

Kurz vor Eintreffen der Gäste

- Alles auf dem Büfett bereitstellen.
- Sahne für die Kuchen schlagen und in Schalen füllen.
- Suppe erwärmen und auf ein Rechaud stellen. Geröstete Kürbiskerne und Kürbiskernöl bereitstellen.
- Getränke einschenken und fröhlich den Erntedank feiern.

Getränkeempfehlung

Bei einem herbstlichen Fest dürfen Federweißer oder Most nicht fehlen. Sie sollten aber auch Bier bereitstellen und abhängig von der Jahreszeit eventuell einen Primeur, einen Novello oder einen Jungwein.

Dekovorschlag

Wählen Sie für Tischdecke und Servietten warme Herbstfarben. Die schönste Deko ist alles, was die Natur im Herbst bietet: Getreideähren, farbenfrohe Herbstblumen und buntgefärbte Blätter. Keinesfalls fehlen dürfen Kürbisköpfe in verschiedenen Formen, Größen und Farben.

REZEPTE FÜR 10–12 PERSONEN

Kürbissuppe

ZUTATEN
2 große Zwiebeln, 1 kg Kürbisfleisch, 3 EL Keimöl, 6 cl Amontillado Sherry (medium), 1,2 l Geflügelbrühe, Salz, Pfeffer, 1 EL Kurkuma, 1 gehackte Chilischote, abgeriebene Schale und Saft von 1 Orange, 60 g geröstete, gehackte Kürbiskerne, Kürbiskernöl

ZUBEREITUNG
- Zwiebeln schälen, in Würfel schneiden, Kürbisfleisch in Stücke schneiden und beides nacheinander in Öl anschwitzen. Mit Sherry ablöschen, mit Brühe aufgießen und würzen. Zugedeckt etwa 25 Minuten köcheln lassen.
- Mit dem Stabmixer pürieren. Falls nötig, mit etwas Brühe verdünnen und nochmals erhitzen.
- Kürbiskerne und -öl je nach Geschmack selbst hinzufügen.

Gänseschmalz mit Äpfeln

ZUTATEN
2 mittelgroße aromatische Äpfel, 2 kleine Zwiebeln, 3–4 EL frische Majoranblätter, 250 g Gänseschmalz, 1 TL Zucker, Salz, Pfeffer, 100 g Schweineschmalz

ZUBEREITUNG
- Äpfel und Zwiebeln schälen. Äpfel vierteln, entkernen und wie die Zwiebeln in Scheiben schneiden, Majoranblätter hacken.
- Äpfel und Zwiebeln in 50 g Gänseschmalz anbraten, mit Zucker bestreuen, goldbraun braten und würzen. Von der Kochplatte nehmen, Schweineschmalz und das restliche Gänseschmalz unterrühren. In eine Schüssel gießen, kalt stellen.

Abbildungen: Apfelschnitten (linke Seite, unten); Putenkeulen auf Weißkohl, Kürbis-Pie mit Sahne (rechte Seite)

Kartoffelbrot

ZUTATEN
500 g Weizenmehl, 300 g Roggenmehl, 1 EL Salz, 2 Päckchen frische Hefe, ⅛ l lauwarme Milch, 1 TL Zucker, 500 g gekochte, mehlig kochende Kartoffeln, ½ l lauwarme Buttermilch, 50 g geröstete Sonnenblumenkerne, Muskat, 20 g Butter

ZUBEREITUNG
- Weizen- und Roggenmehl mit Salz vermischen, die Hefe mit Milch anrühren, in die Mitte geben und mit etwas Mehl und Zucker verrührt 15 Minuten gehen lassen.
- Geriebene Kartoffeln und Buttermilch dazugeben und zu einem glatten Teig verrühren. Sonnenblumenkerne untermischen, mit Muskat würzen und 45 Minuten gehen lassen.
- Eine Ringform von 1,5 l Inhalt mit Butter ausfetten, mit den restlichen Sonnenblumenkernen ausstreuen und den Brotteig hineingeben. 15 Minuten gehen lassen. Backofen auf 180° C vorheizen und das Brot etwa 50 Minuten goldbraun backen.

Angemachter Topfen

ZUTATEN
500 g Topfen, 2–3 EL Zwiebelwürfel, 1 zerdrückte Knoblauchzehe, Salz, Pfeffer, 2–3 EL geriebener Meerrettich, 6 EL Schnittlauchröllchen, 50 g flüssige Butter, 100 g Hüttenkäse, 6 EL geschlagene Sahne, 1 Bund Radieschen, Kürbiskernöl

ZUBEREITUNG
- Topfen mit Zwiebeln und Knoblauch verrühren, mit Salz, Pfeffer und Meerrettich würzen. 3 EL Schnittlauch, Butter und Hüttenkäse unterrühren, die Sahne locker unterziehen.
- Den Topfen zu einer Halbkugel formen und mit den in Würfel geschnittenen Radieschen und dem restlichen Schnittlauch dick bestreuen. Kürbiskernöl getrennt dazu reichen.

Putenkeulen auf Weißkohl

ZUTATEN
6–8 Knoblauchzehen in Scheiben geschnitten, 2 Putenoberkeulen à 1,2 kg, Salz, Pfeffer, 2 Weißkohlköpfe à 1,5 kg, 80 g Butter, 2 EL Kümmel, 1 EL Zucker, 3 EL Aceto Balsamico, ½ l Fleischbrühe

ZUBEREITUNG
- Die Knoblauchscheiben unter die Haut der Keulen schieben. Mit Salz und Pfeffer würzen. Weißkohl putzen und in 2 cm große Würfel schneiden.
- Backofen auf 180° C vorheizen. Die Keulen in heißer Butter anbraten. Herausnehmen und den Kohl im Bratfett anschwitzen. Würzen, mit Essig ablöschen und einkochen lassen. Mit Brühe aufgießen, die Putenteile mit der Haut nach oben darauf legen und bedeckt im Backofen 1½ Stunden schmoren. Deckel abnehmen und die Putenhaut bei 220° C goldbraun und knusprig werden lassen.

Kartoffel-Pilzkuchen

ZUTATEN
500 g frische Steinpilze, 2 EL Zwiebelwürfel, 60 g Butter, Salz, Pfeffer, Muskat, 2 EL gehackte Petersilie, 1,2 kg mehlig kochende Kartoffeln, 200 g geriebener Bergkäse, ½ l Milch, ¼ l Sahne, 6 Eier

ZUBEREITUNG
- Pilze putzen, in Scheiben schneiden und mit den Zwiebeln in 40 g Butter andünsten. Würzen und die Petersilie untermischen. Kartoffeln schälen und grob raspeln. Backofen auf 180° C vorheizen.
- In eine gefettete Auflaufform abwechselnd Kartoffelraspel, Pilze und Käse füllen. Den Abschluß bildet eine Kartoffelschicht.
- Milch, Sahne und Eier verquirlen, würzen und darüber gießen. Mit dem restlichen Käse bestreuen und auf der mittleren Schiene im heißen Backofen 40 Minuten garen.

Apfelschnitten

ZUTATEN:
Mürbeteig: 300 g Mehl, 100 g geriebene Cashewnüsse, 150 g Puderzucker, 1 Eigelb, 200 g kalte Butter
Füllung: 800 g Äpfel, 50 g Butter, 100 g Zucker, Zimt, 100 g Rosinen, 4 cl Calvados, 60 g Biskuitbrösel, 1 Eigelb, Puderzucker zum Bestäuben

ZUBEREITUNG
- Zutaten verkneten. Kalt stellen.
- Äpfel schälen, vierteln, entkernen und in Scheiben schneiden. Butter und Zucker karamelisieren und die Äpfel darin braten. Zimt, Rosinen und Calvados dazugeben und kalt stellen.
- Backofen auf 200° C vorheizen. Den Teig zu zwei Platten von 30 mal 20 cm ausrollen. Mit Bröseln bestreuen und jeweils der Länge nach mit Äpfeln belegen. Die Teigenden darüber schlagen, fest drücken, mit Eigelb bestreichen und 20 Minuten backen. Abgekühlt mit Puderzucker bestäuben, in Streifen schneiden.

Kürbis-Pie

ZUTATEN
Boden: 250 g Zwiebackbrösel, 50 g geriebene Pinienkerne, 100 g brauner Zucker, 150 g zerlassene Butter
Füllung: 400 g klein geschnittenes Kürbisfleisch, 200 ml Weißwein, 1 EL geriebener Ingwer, Zimt, 3 Eier, 100 g Zucker, ⅛ l Sahne

ZUBEREITUNG
- Backofen auf 220° C vorheizen. Zutaten für den Boden verrühren, in eine gefettete Pieform (24 cm Ø) drücken und 10 Minuten backen.
- Kürbisfleisch mit Wein, Ingwer und Zimt weich kochen, dann pürieren.
- Eier, Zucker und Sahne schaumig schlagen, die kalte Kürbismasse unterrühren. Auf dem Boden verteilen, im 160° C heißen Backofen 50 Minuten backen. Noch 20 Minuten im abgeschalteten Backofen ruhen lassen.

FESTE FÜR KIDS

Kindergeburtstag ist nicht gleich Kindergeburtstag! Gehen die Kleinen noch in den Kindergarten oder gerade eben zur Schule, sehen Festvorbereitungen und Festablauf natürlich ganz anders aus, als wenn sie bereits zu den Teenies gehören. Im Kindergartenalter ist das Mitwirken der Eltern noch unerläßlich. Da heißt es, witzige Kleinigkeiten zum Essen vorzubereiten, Spiele zu überlegen und sich munter unter das Geschehen zu mischen. Je älter die Kinder werden, um so eher haben sie eine eigene Vorstellung davon, wie ihr Fest ablaufen soll. Die Mithilfe der Eltern beschränkt sich dann manchmal nur noch auf das Vorbereiten diverser Lieblingsspeisen.

HAPPY
BIRTHDAY
TEDDY

GEBURTSTAGSPARTY FÜR KINDERGARTEN-KIDS

Das erste Kindergeburtstagsfest mit Freunden ist ein großes Ereignis für alle Kinder und Eltern. Denn zur Gestaltung der Party gehören neben dem Zubereiten einiger Lieblingsspeisen und dem Einladen der kleinen Gäste auch eine gute Portion Phantasie zur Vorbereitung lustiger Spiele. Je kleiner die Kinder sind, um so mehr ist aktives Dabeisein und Mitspielen der Eltern nötig, um ein unfestliches Durcheinander zu vermeiden.

KINDERFEST FÜR 8–10 KIDS

Erdbeermilchshake mit Eis am Stiel

Schmetterlingspizza

Fritten-Fondue mit diversen Saucen

Bunte Wackelpeter mit Vanilleeis

Clown auf dem Blech

Amerikaner

PLANUNG UND VORBEREITUNG

Am Vortag

• Clownkuchen und Amerikaner backen und verzieren.
• Wackelpeter zubereiten.
• Das Festzimmer gemeinsam mit dem Geburtstagskind schmücken.
• Getränke, z. B. Limonade, Säfte, Kindercola oder Cola-Mixgetränke einkaufen.
• Knabbereien, Süßigkeiten und kleine Preise besorgen.

Einige Stunden vorher

• Die Saucen vorbereiten und auf den Tisch stellen.
• Pizzateig zubereiten, die Schmetterlinge formen.
• Milchshakes zubereiten und kalt stellen.
• Wackelpeter mit Förmchen beliebig ausstechen, auf einer großen Platte anrichten und kalt stellen.
• Stabile Gläser und Teller, Servietten und Besteck bereitlegen.
• Den Clownkuchen, Amerikaner sowie Knabbereien und Süßigkeiten auf einer Anrichte bereitstellen.
• Nochmals überprüfen, ob alles für die Spiele vorbereitet ist. Vergessen Sie nicht, die Preise bereitzulegen, die es bei den Spielen zu gewinnen gibt.

Kurz vor Eintreffen der Gäste

• Wasser für die Würstchen erhitzen.
• Pizza backen.
• Fischstäbchen braten, Würstchen ins heiße Wasser geben und die Pommes frites in den Backofen geben, sobald die Pizza fertig gebacken ist.
• Milchshakes in Gläser füllen. Jeweils ein gekauftes Eis am Stiel mit einem lustigen Gesicht hineinstecken und als Begrüßungsdrink reichen.

Zum Abschluß der Party

Wackelpeter mit Vanilleeis oder gut gekühlter Vanillesauce anrichten und servieren.

Dekovorschlag

• Lustige, selbst gemachte Einladungskarten sind für eine Kinderparty besonders schön. Kaufen Sie deshalb nicht einfach fertige Karten, sondern muntern Sie Ihr Kind auf, selbst eine witzige Einladung zu entwerfen.
• Hübsch sehen Faltfiguren aus, die innen beschriftet werden, oder Luftballons, die man aufblasen muß, um die Einladung zu entziffern. Wer Zeit hat, backt aus Mürbeteig Herzen oder Rechtecke, auf die dann mit Zuckerguß Datum und Uhrzeit des Festes geschrieben werden.

TIP

Bereiten Sie nichts Aufwendiges vor, sondern nur das, was Kinder gerne mögen. Das sind meist ganz einfache Speisen. Sobald eines der lieben Kleinen nämlich anfängt, am Essen rumzunörgeln, schlägt die Stimmung rasch um, und die Mühe für Ihre raffinierte Torte war umsonst.
Lassen Sie sich lustige Spiele einfallen. Einschlägige Bücher gibt es dazu genug. Nach wie vor sind auch heute noch Spiele, die man aus der eigenen Kindheit kennt, die Knüller, wie z. B. Sackhüpfen, Schnitzeljagd, Blinde Kuh, Topfschlagen usw.
Denken Sie an die kleinen Preise für die Sieger, denn in diesem Alter sind sie besonders wichtig.

REZEPTE FÜR 8–10 KINDER

Fritten-Fondue

ZUTATEN
1 kg Tiefkühl-Pommes frites für den Backofen, 2 Packungen Fischstäbchen, Keimöl zum Braten, ca. 20 Cocktailwürstchen

ZUBEREITUNG
• Pommes frites im Backofen goldbraun und knusprig werden lassen.
• Die Fischstäbchen in wenig Keimöl in einer beschichteten Pfanne goldbraun braten.
• Die Würstchen in heißem Wasser erhitzen.
• Saucen in kleinen Schalen auf den Tisch stellen, reichlich Servietten und Spießchen bereitlegen, und nun darf gedippt werden.

Remouladensauce

ZUTATEN
125 g Mayonnaise, 100 g Vollmilchjoghurt, etwas scharfer Senf, etwas Zitronensaft, 1 hart gekochtes Ei, 1 große Essiggurke, 1 eingelegte, rote Paprikaschote, 1 EL gehackte Petersilie, Salz, Pfeffer

ZUBEREITUNG
• Mayonnaise mit Joghurt, Senf und Zitronensaft verrühren. Geschältes Ei, die Essiggurke und die Paprikaschote in kleine Würfel schneiden und mit der Petersilie untermischen. Mit Salz und Pfeffer würzig abschmecken.

TIP
Natürlich dürfen Ketchup, Schaschliksauce oder eine andere Lieblings-Fertigsauce Ihrer Kinder nicht fehlen. Gerne essen die Kids aber auch leicht süßliche Saucen, wie z. B. einen Ananas-Curry-Dip.

Ananas-Curry-Sauce

ZUTATEN
2 Scheiben Ananas aus der Dose, 100 g Crème fraîche, 1 TL mildes Currypulver, 1 Msp gemahlener Safran, Salz, Pfeffer, etwas Zitronensaft, 2 EL geröstete Kokosflocken

ZUBEREITUNG
• Die Ananas in sehr feine Stifte schneiden. Crème fraîche mit den Gewürzen verrühren, mit Zitronensaft abschmecken und die Ananasstifte und die Kokosflocken untermischen.

Schmetterlingspizza

ZUTATEN
Teig: 500 g Mehl, 30 g Hefe, ca. ¼ l lauwarmes Wasser, 1 EL Olivenöl (extra virgen), 1 TL Salz
Belag: ca. 800 g Tomatenstücke aus der Packung oder Dose, ca. 100 g möglichst kleine Champignons, einige kleine Salamischeiben, einige Kochschinkenscheiben, 2 Frühlingszwiebeln, einige schwarze und grüne Oliven, ½ rote Paprikaschote, 4–6 EL Olivenöl (extra virgen), gerebelter Oregano, 150 g Mozzarella, 100 g grob geriebener Butterkäse

ZUBEREITUNG
• Mehl in eine Schüssel geben, in die Mitte eine Mulde drücken und die Hefe hineinbröckeln. Mit etwas Wasser verrühren und 15 Minuten aufgehen lassen. Das restliche Wasser, Öl und Salz mit den Knethaken eines Handrührgerätes zu einem glatten Teig verkneten. Zu einer Kugel formen und zugedeckt mindestens 1 Stunde gehen lassen.
• Die Hälfte des Teiges auf einem bemehlten Brett etwa ½ cm dick ausrollen. Mit einem Messer die Form eines Schmetterlings ausschneiden. Die Teigreste zu einer dünnen Wurst rollen und als Rand um den Schmetterling legen. Auf ein mit Backpapier ausgelegtes Blech legen und mit Tomatenstücken belegen.
• Die Schmetterlingsflügel rundherum mit der Hälfte der in Scheiben geschnittenen Champignons belegen. Die Hälfte der Salamischeiben in die Mitte legen, die Hälfte des in Würfel geschnittenen Kochschinkens weiter außen anordnen. Die Frühlingszwiebeln halbieren, die Hälfte davon der Länge nach als Körper in die Mitte legen, auf einer Seite etwas überranken lassen. Die Hälfte der Oliven als Augen einsetzen, die Flügel mit der Hälfte der Paprikawürfel bestreuen.
• Pizza mit 2–3 Löffeln Olivenöl beträufeln und mit Oregano bestreuen.
• Mozzarella in kleine Würfel schneiden, mit Butterkäse vermischen. Die Pizza mit der Hälfte davon bestreuen.
• Die zweite Teighälfte entweder genauso formen und belegen oder nach eigener Phantasie ein Schiff oder ein Clowngesicht daraus zubereiten. Lassen Sie Ihre Kinder selbst gestalten.
• 40 Minuten, bevor die Pizza fertig sein soll, den Backofen auf 200° C vorheizen. Die Pizzen nacheinander oder im Heißluftofen gemeinsam ca. 25 bis 30 Minuten backen.

TIP
Schneller sind die Pizzen zubereitet, wenn man eine Teigmischung für Pizza und Gemüsekuchen nimmt.

Wackelpeter mit Vanilleeis

ZUTATEN
3 Päckchen Götterspeise in rot, gelb und grün, ca. 800 ml Vanilleeis

ZUBEREITUNG
• Götterspeise nach Packungsanleitung zubereiten. Jede Farbe in eine tiefe Platte gießen. Erstarren lassen.
• Kurz vor dem Servieren den festen Wackelpeter stürzen und mit verschiedenen Förmchen Fische, Sterne oder Monde ausstechen. Eine Platte mit bunten Streuseln bestreuen und die Figuren darauf verteilen.
• Vanilleeis in Würfel schneiden oder zu Kugeln formen und in einer Schüssel getrennt dazu reichen.

Clown auf dem Blech

ZUTATEN
150 g Butter, 200 g Zucker, 6 Eier, 150 g gemahlene Haselnüsse, 100 g geriebene Schokolade, 200 g Mehl, 50 g Speisestärke, ½ TL Backpulver, 200 g Puderzucker, 2-3 EL Zitronensaft, 1 TL Kakao, Zuckerschrift, bunte Streusel, bunte Schokolinsen, Zuckerblümchen oder anderes süßes Dekomaterial

ZUBEREITUNG
• Butter und Zucker sahnig rühren, nach und nach die Eier zugeben und zu einer schaumigen Masse aufschlagen. Backofen auf 180° C vorheizen.
• Nüsse, Schokolade, Mehl, Speisestärke und Backpulver vermischen und unterrühren. Die Masse auf ein mit Backpapier ausgelegtes Backblech streichen und ca. 30 Minuten backen.
• Abkühlen lassen. Eine Schablone für ein Clowngesicht mit Hut vorbereiten, auf den Teig legen, ausschneiden und auf ein mit Alufolie ausgekleidetes Backblech legen.
• 150 g Puderzucker mit Zitronensaft anrühren, den restlichen Puderzucker mit Kakao mischen und mit etwas Wasser glatt rühren. Den Hut dick mit dem dunklen Guß bestreichen und erstarren lassen. Das Gesicht weiß bestreichen. Beliebig mit süßem Dekomaterial verzieren. Sobald der Guß angetrocknet ist, Mund, Augen und Nase mit der bunten Zuckerschrift aus der Tube aufzeichnen.
(Foto siehe Seite 84/85).

TIP
Die beim Backen entstandenen Kuchenreste kann man in kleine Stücke schneiden oder beliebig ausstechen und ebenfalls mit Zuckerguß glasieren.

Amerikaner

ZUTATEN
100 g Butter, 100 g Zucker, abgeriebene Schale von 1 unbehandelten Zitrone, 2 Eier, 200 g Mehl, 100 g Speisestärke, 2 TL Backpulver, 4 EL Sahne, 150 g Puderzucker, 2 EL Zitronensaft

ZUBEREITUNG
• Backofen auf 180° C vorheizen. Butter und Zucker sahnig rühren. Zitronenschale und Eier dazugeben und zu einer schaumigen Masse aufschlagen. Mehl, Speisestärke und Backpulver vermischen und abwechselnd mit der Sahne unterrühren.
• Mit einem Eßlöffel Häufchen auf ein mit Backpapier ausgelegtes Blech geben. Die Oberfläche glatt streichen und ca. 15 Minuten goldgelb backen.
• Puderzucker und Zitronensaft verrühren, die Unterseite der abgekühlten Amerikaner damit bestreichen.

Erdbeermilchshake

ZUTATEN
500 g frische oder tiefgekühlte Erdbeeren, 100 g Erdbeerkonfitüre, 1 l Milch, etwas Zucker, 3-4 EL frisch gepreßter Orangensaft, ¼ l Sahne, 8-10 Eis am Stiel mit Clowngesicht, 10 schöne Beeren für die Dekoration

ZUBEREITUNG
• Frische Erdbeeren entstielen, tiefgekühlte Früchte etwas antauen lassen. Portionsweise mit Konfitüre und Milch im Mixer pürieren. Mit Zucker und Orangensaft abschmecken und kühl stellen.
• Vor dem Servieren die Sahne steif schlagen und in einen Spritzbeutel füllen. Die Erdbeermilch in hohe Gläser füllen, eine Sahnerosette obenauf spritzen und jeweils ein Clowneis und eine Erdbeere mit Stiel hineinstecken.

Abbildungen: Milchshake, Teddy-Deko, heißgeliebte Pommes

abc
123
AB

DER ERSTE SCHULTAG

Der erste Schultag ist ein wichtiger Tag im Leben eines Kindes und seiner Eltern. Ein neuer Lebensabschnitt beginnt, an den sich alle erst einmal gewöhnen müssen. Ein Tag also, der eine kleine Feier wert ist. Natürlich begleiten die Eltern das Kind noch zur Schule, aber nach einer herzlichen Begrüßung durch den Lehrer oder die Lehrerin werden die Erwachsenen nach Hause geschickt. Kurze Zeit später kann man seinen Erstkläßler dann wieder abholen. Nutzen Sie die Zeit für eine kleine Überraschungsfeier, zu der Sie natürlich auch Freunde, Großeltern und Verwandte einladen.

KLEINE FEIER ZUM ERSTEN SCHULTAG FÜR 8 PERSONEN

Gemüse-Schinkenkuchen vom Blech

Buchstabentorte

Limonade, Cola oder Milchshake für den ABC-Schützen

Sekt oder Champagner für die Erwachsenen

PLANUNG UND VORBEREITUNG

Am Vortag

- Torte backen und füllen.
- 2 Bleche mit Gemüse-Schinkenkuchen zubereiten, backen und mit Alufolie bedeckt kalt stellen.
- Getränke kalt stellen.

Während der 1. Schulstunde

- Die Torte mit Sahne überziehen und verzieren.
- Teller, Kaffeetassen, Gläser, Servietten und Besteck bereitstellen.
- Pikanten Kuchen aufbacken.

Abbildung: Buchstabentorte

Der ABC-Schütze kommt

- Sektkorken knallen lassen, Lieblingsgetränk des Erstkläßlers einschenken und anstoßen.
- Den Gemüsekuchen in Stücke schneiden und anbieten.
- Später Kaffee, Tee oder Kakao zubereiten und vom Ehrengast die Torte anschneiden lassen.

REZEPTE FÜR 8 PERSONEN

Gemüse-Schinkenkuchen vom Blech

ZUTATEN

Teig: 400 g Mehl, ca. 200 ml lauwarme Milch, 20 g Hefe, 1 Prise Zucker, 1 Ei, 50 g Butter, 1 EL Salz, Muskat, 1 Msp gemahlener Safran

Belag: 250 g Möhren, 1 Lauchstange, 250 g Egerlinge, je 250 g Blumenkohl und Broccoli, 2 kleine Zucchini, 2 rote Paprika, 300 g Tiefkühl-Blattspinat, 80 g Butter, ¼ l Sahne, ¼ l Milch, 6 Eier, 80 g geriebener Emmentaler, 250 g rohe Schinkenwürfel, 3–4 EL gehackte Petersilie

ZUBEREITUNG

- Aus den Zutaten einen Hefeteig zubereiten. 40 Minuten gehen lassen.
- Gemüse putzen, falls nötig schälen und in Scheiben schneiden oder in Röschen teilen. In kochendem Salzwasser blanchieren und abschrecken. Den Blattspinat auftauen lassen.
- Den Teig 5 mm dick ausrollen und Boden und Rand der Backbleche damit auskleiden. Jede Gemüsesorte in 10 g Butter schwenken und diagonal auf der Teigplatte anordnen.
- Sahne, Milch und Eier verquirlen, Käse, Schinken und Petersilie untermischen. Über dem Gemüse verteilen und 30 bis 40 Minuten backen.

Buchstabentorte

ZUTATEN

Teig: 150 g Zartbitter-Schokolade, 125 g Butter, 125 g Zucker, 6 Eigelb, 100 g Biskuitbrösel, 150 g geriebene, geröstete Haselnüsse, 6 Eiweiß

Außerdem: 1 Glas Aprikosen-Konfitüre, ½ l Sahne, 1 EL Vanillezucker, 1 Packung Zucker- oder Schokobuchstaben

ZUBEREITUNG

- 100 g Schokolade im Wasserbad schmelzen lassen, den Rest klein hacken. Backofen auf 170° C vorheizen.
- Butter und 100 g Zucker sahnig rühren, Eigelb dazugeben und dickschaumig aufschlagen. Biskuitbrösel, flüssige und gehackte Schokolade und Nüsse unterrühren.
- Eiweiß mit restlichem Zucker steif schlagen und locker unterziehen.
- In eine Springform von 26 cm Durchmesser füllen und auf der unteren Schiene knapp 1 Stunde backen.
- Abgekühlt durchschneiden, mit der Hälfte der Aprikosen-Konfitüre füllen, mit der restlichen Konfitüre die Torte rundherum bestreichen.
- Vor dem Servieren die Sahne mit Vanillezucker steif schlagen, die Torte dick damit bestreichen und verzieren. Mit den Zucker- oder Schokobuchstaben dekorieren.

TEENIE-FETE

Bei Teenie-Parties steht meist die aktuelle Musik im Vordergrund, und diese ist oft sehr laut. Daher ist ein Kellerraum ideal, in dem die junge Gesellschaft ihre Lieblingshits bis zum Abwinken hören kann. Wenn die Kids die Nachbarn zuvor über das laut-fröhliche Ereignis informieren, können diesbezügliche Probleme vermieden werden. Für die kulinarischen Vorbereitungen ist die Mithilfe der Mutter meist sehr gefragt, beim Feiern selbst dagegen kaum. Bei heißer Musik wollen die Teenies am liebsten ganz ungestört tanzen und diskutieren.

TEENIE-FETE FÜR 16 PERSONEN

Lasagne vom Blech

Gratinierte Hamburger

Bunter Salat

Marmorkranz

Bananenschnitten

Alkoholfreie Drinks

PLANUNG UND VORBEREITUNG

Am Vortag

- Marmorkranz backen.
- Lasagne vorbereiten und ungebacken, mit Alufolie bedeckt, kalt stellen.
- Partyraum dekorieren, Lichterketten anbringen, CD-Player und Kassettengerät überprüfen, CDs auswählen.
- Geschirr, Besteck, Servietten, Shaker und Gläser bereitstellen.
- Eiswürfel auf Vorrat machen.
- Getränke kühl stellen.

Am Morgen der Party

- Bananenschnitten backen und füllen.
- Brötchen einkaufen.
- Hamburger zubereiten, ohne sie zu überbacken.
- Salat und Salatsauce vorbereiten.
- Dekos für die Drinks vorbereiten.

Kurz vor Eintreffen der Gäste

- Erst die Lasagne in den Backofen stellen, anschließend die Hamburger überbacken.
- Popcorn und andere Knabbereien in Schalen verteilen.
- Salat anmachen.
- Musik auflegen, Lasagne, Hamburger und Salat bereitstellen.

Getränkeempfehlung

Diverse alkoholfreie Drinks, Mineralwasser, Cola und Eistee.

MIXGETRÄNKE FÜR TEENIES

Apfel-Mint-Cocktail

Pro Person
8 cl Apfelsaft, 2 cl Birnennektar,
2 TL Pfefferminz-Sirup, Bitter-Orange zum Auffüllen

Alles mit 4 Eiswürfeln im Shaker kräftig schütteln. In ein Longdrinkglas abseihen und mit Bitter-Orange auffüllen. Mit einer Apfelspalte und einem Minzezweig dekorieren.

Winner-Cocktail

Pro Person
2 cl Grenadine (ohne Alkohol),
100 ml roter Traubensaft,
100 ml Orangensaft, Saft von ½ Zitrone, 1 Schuß Bitter-Orange

Alles mit 3 Eiswürfeln im Shaker schütteln. In ein Longdrinkglas abseihen. 1 blaue Traube und ½ Orangenscheibe aufspießen und über das Glas legen.

Sloopy

Pro Person
4 EL zerstoßene Eiwürfel, 4 cl Grenadine (ohne Alkolhol), Saft von ½ Zitrone, ca. 100 ml Mineralwasser

Das Eis in ein Longdrinkglas füllen und Grenadine, Zitronensaft und Mineralwasser darauf gießen. Mit einem dicken Strohhalm umrühren und mit einer Kirsche am Stiel verzieren.

Golden Apple

Pro Person
6 cl Apfelsaft, 6 cl Maracujanektar,
2 cl Mangonektar, 2 cl Sahne

Alles mit 4 Eiswürfeln im Shaker schütteln und in ein Longdrinkglas abseihen. 1 Bananenscheibe, 1 Kirsche und ½ Kiwischeibe auf einen Spieß stecken und übers Glas legen.

Bananaboat

Pro Person
5 cl Bananensirup, 2 cl Zitronensaft,
Bitter-Orange zum Auffüllen

3 Eiswürfel in ein Glas geben, mit Bananensirup und Zitronensaft begießen. Mit Bitter-Orange aufgießen. Mit Minzezweig dekorieren.

REZEPTE FÜR 16 PERSONEN

Gratinierte Hamburger

ZUTATEN
Hamburger: 1,5 kg Rinderhackfleisch, 500 g Magerquark, 4 Eier, Salz, Pfeffer, 2 EL Ketchup, 1 EL Paprika (edelsüß), 1 EL gerebelter Oregano, 1 Zwiebel, 20 g Butter
Belag: 2 Dosen Tomatenstücke à 370 ml, 4 EL Olivenöl, Salz, frisch gemahlener Pfeffer, 200 g grob geriebener, junger Gouda, 1 Bund Basilikum
Außerdem: Keimöl zum Braten

ZUBEREITUNG
• Hackfleisch mit Quark verrühren und nach und nach die Eier dazugeben. Mit Salz, Pfeffer, Ketchup, Paprika und Oregano würzen. Die Zwiebel schälen, in kleine Würfel schneiden und in Butter glasig dünsten. Gleichmäßig unter den Hackfleischteig mischen und etwa 30 Minuten durchziehen lassen.
• In der Zwischenzeit die Tomatenstücke mit Olivenöl vermischen, mit Salz und Pfeffer würzen und bei mittlerer Hitze dicksämig einkochen lassen. Von der Kochplatte nehmen und abkühlen lassen. Dann den Käse und das fein gehackte Basilikum unterrühren.
• Aus dem Fleischteig 16 große oder 48 kleine Laibchen formen.
• Das Öl in einer Pfanne erhitzen und die Hamburger darin nacheinander braten und auf ein Backblech legen. Backofen auf 220° C oder auf Grillstufe vorheizen.
• Jeweils etwas von der abgekühlten Tomatenmasse auf den Hamburgern verteilen und kurz vor Eintreffen der Gäste im heißen Backofen auf der oberen Schiene wenige Minuten überbacken.

Abbildungen: schrille Deko für Teenies, Golden Apple

Lasagne vom Blech

ZUTATEN
600 g gehackter Tiefkühl-Spinat, 100 g Butter, 60 g Mehl, 600 ml Milch, Salz, Pfeffer, Muskat, 4 Eigelb, 100 g frisch geriebener Hartkäse (z. B. Emmentaler), 500 g gekochter Schinken, 450 g Mozzarella, 1 Bund Basilikum, 4 EL Olivenöl (extra virgen), 800 g Tomatenstücke (aus Packung oder Dose), 1 EL Oregano, 4 Eiweiß, 400 g fertige Lasagneplatten, 50 g frisch geriebener Parmesan

ZUBEREITUNG
• Den Spinat auftauen lassen. Für die Béchamelsauce 60 g Butter zerlassen und unter Rühren das Mehl dazugeben. Kurz aufschäumen lassen, dann mit Milch aufgießen, glatt rühren und etwa 5 Minuten köcheln lassen. Mit Salz, Pfeffer und Muskat würzen. Eigelb und geriebenen Hartkäse unterziehen und von der Kochplatte nehmen. Backofen auf 200° C vorheizen.
• Die restliche Butter zerlassen und den aufgetauten Spinat darin kurz schwenken. Mit Salz, Pfeffer und Muskat würzen.
• Schinken und Mozzarella in kleine Würfel schneiden. Basilikum fein hacken und mit 2 EL Olivenöl unter die Tomatenstücke mischen. Mit Salz und Pfeffer würzen.
• Das Eiweiß steif schlagen und unter die Béchamelsauce ziehen.
• Die Fettpfanne des Backofens mit Öl ausfetten und den Boden leicht überlappend mit den rohen Lasagneplatten auslegen. Spinat gleichmäßig darauf verteilen und mit Schinken, Mozzarella und Oregano bestreuen. Die Tomatenmasse darüber geben. Die Hälfte der Béchamelsauce gleichmäßig darauf verteilen und mit den restlichen Lasagneplatten bedecken. Die restliche Béchamelsauce darüber verteilen, mit Parmesan bestreuen. Im heißen Backofen 40 bis 45 Minuten backen.

Bunter Salat

ZUTATEN
1 großer Kopf Eissalat, 2 Bund Radieschen, 250 g Cocktailtomaten, 1 Bund Frühlingszwiebeln, 4 hart gekochte Eier
Vinaigrette: 1 TL mittelscharfer Senf, Salz, 2–3 EL Weißweinessig, 2 EL Keimöl, 2 EL Olivenöl (extra virgen), 2 EL Crème fraîche, 4 EL Sonnenblumenkerne, 1 Bund Schnittlauch

ZUBEREITUNG
• Den Eissalat vierteln und in breite Streifen schneiden. Waschen und gut abtropfen lassen. Radieschen, Tomaten und Frühlingszwiebeln waschen. Von den Frühlingszwiebeln die Wurzeln und das grüne Ende entfernen. Zwiebeln und Radieschen in Scheiben schneiden, die Tomaten vierteln. Die Eier schälen und in Würfel schneiden. Alles bis auf die Eierwürfel in einer nicht zu tiefen Schale vermischen.
• Für die Vinaigrette den Senf mit Salz, Essig und 1 EL Keimöl und Olivenöl verquirlen, die Crème fraîche unterrühren.
• Die Sonnenblumenkerne im restlichen Öl goldbraun rösten. Den Schnittlauch fein schneiden.
• Den Salat mit der Vinaigrette anmachen und mit Eierwürfeln, Schnittlauch und Sonnenblumenkernen bestreuen.

TIP
Den Salat kann man auf vielfältige Weise abwandeln, zum Beispiel:
• mit gerösteten Weißbrotwürfeln bestreuen;
• mit Speckkrusteln oder mit Käsewürfeln anreichern;
• die Salatsauce anstelle von Senf mit Ketchup anrühren;
• den Schnittlauch durch frisch gehackte Kräuter ersetzen;
• die Sonnenblumenkerne durch geröstete Erdnüsse oder durch Mungosprossen ersetzen.

Marmorkranz

ZUTATEN
Teig: 200 g Butter, 120 g Puderzucker, 40 g Speisestärke, 4 Eigelb, 2 cl Rum, 1 Prise Salz, ausgekratztes Mark von ½ Vanilleschote, abgeriebene Schale von ½ unbehandelten Zitrone, 200 g Mehl, 1 TL Backpulver, 100 ml Milch, 4 Eiweiß, 100 g Zucker, 20 g Kakao, 30 g geriebene, geschälte Mandeln
Außerdem: Fett und Biskuitbrösel für die Form, Puderzucker zum Bestäuben

ZUBEREITUNG
- Backofen auf 180° C vorheizen. Butter mit Puderzucker sahnig rühren und nach und nach Speisestärke, Eigelb, Rum, Salz, Vanillemark und Zitronenschale dazugeben. Abwechselnd Mehl mit Backpulver und Milch unterrühren.
- Eiweiß zu steifem Schnee schlagen, dabei den Zucker einrieseln lassen. Locker und gleichmäßig unter den Teig heben.
- Ein Drittel des Teiges abnehmen und mit dem Kakao verrühren. Unter die restliche Teigmenge die gemahlenen Mandeln mischen.
- Eine Kranzform sorgfältig ausfetten und mit Bröseln ausstreuen. Erst den hellen, dann den dunklen Teig in die Form füllen. Dann eine Gabel spiralenförmig durch beide Teige ziehen, bis ein Marmormuster entsteht. Auf der unteren Schiene des heißen Backofens etwa 1 Stunde backen.
- In der Form abkühlen lassen, dann stürzen und dick mit Puderzucker bestäuben.

TIP
Wollen Sie wissen, ob der Kuchen schon durchgebacken ist? Stechen Sie einfach mit einem Schaschlikspieß in den Teig. Klebt kein Teig an dem Spieß, ist der Kuchen fertig.

Bananenschnitten

ZUTATEN
Biskuitteig: 4 Eigelb, 80 g Zucker, 2 EL Wasser, 4 Eiweiß, 100 g Mehl, 25 g Speisestärke, 2 EL flüssige Butter
Füllung: ½ l Sahne, 2 EL Vanillezucker, 4 möglichst gerade Bananen, Puderzucker zum Bestäuben, Schokoladenblätter zum Verzieren

ZUBEREITUNG
- Backofen auf 200° C vorheizen.
- Eigelb, 60 g Zucker und Wasser dickschaumig schlagen. Eiweiß zu steifem Schnee schlagen, dabei den restlichen Zucker einrieseln lassen. Ein Drittel davon auf die Schaummasse häufen, Mehl und Speisestärke darüber sieben, mit der flüssigen Butter rasch unterrühren. Den restlichen Schnee locker unter den Teig heben.
- Die Schaummasse gleichmäßig auf ein mit Backpapier ausgelegtes Backblech streichen und im heißen Backofen auf der mittleren Schiene 10 bis 12 Minuten backen.
- Sofort auf ein Küchentuch stürzen und von beiden Längsseiten her zur Mitte hin einrollen. Abkühlen lassen.
- Die Sahne steif schlagen, dabei den Vanillezucker einrieseln lassen. Die Teigplatte wieder auseinanderrollen und das Backpapier abziehen. Die Biskuitplatte mit zwei Dritteln der Sahne bestreichen. Die Bananen schälen, notfalls ein wenig gerade biegen und hintereinander an beiden Längsseiten anordnen. Die Teigplatte mit Hilfe des Tuches von beiden Seiten zur Mitte hin einrollen. Die Rolle dick mit Staubzucker bestäuben.
- Die restliche Sahne in einen Spritzbeutel füllen und in die entstandene Mittelspalte große Rosetten spritzen. Jeweils ein Schokoladenblättchen hineinstecken.

Abbildungen: gratinierte Hamburger, Lasagne, bunter Salat (linke Seite); Bananenschnitten, witzige Lichter-Deko, Party-Brötchen vom Bäcker (rechte Seite)

FEIERN IM FREIEN

Bei strahlendem Sonnenschein oder in einer lauen Sommernacht macht das Feiern unter freiem Himmel besonders viel Spaß. Zusätzliche Dekoration ist hier nicht nötig, denn was gibt es Dekorativeres als eine blühende Wiese, rauschendes Meer oder einen schattenspendenden Baum? Wenn das Wetter mitspielt, können Sie natürlich alle in diesem Buch vorgestellten Einladungen ins Freie verlegen. Doch es gibt einige ganz typische Anlässe, die man nur draußen in der schönsten Zeit des Jahres genießen kann.
Packen Sie also Ihren Picknickkoffer und fahren Sie hinaus in die Natur. Genießen Sie die zu Hause zubereiteten Speisen bei einer lustigen Segel- oder Bergtour, oder heizen Sie den Grill im Garten an und brutzeln Sie frischen Fisch, Fleisch oder Gemüse am offenen Feuer.

PICKNICK

Für das Wort Picknick gibt es keine Übersetzung, und in keinem Land der Welt wird diese kulinarische Sommerfreude so perfekt zelebriert wie in England. Allmählich entdeckt man aber auch auf dem Festland die besonderen Reize eines Essens unter freiem Himmel. Jeder Teilnehmer oder Gast bringt etwas mit, und aufgeräumt wird hinterher gemeinsam. Das A und O eines lustigen Picknicks ist die gute Organisation. Am besten machen Sie sich eine Liste, damit Sie auch wirklich nichts vergessen. Es wäre doch schade, wenn Sie vor der verschlossenen Flasche Wein sitzen, nur weil der Korkenzieher zu Hause in der Schublade liegt.

PICKNICK FÜR 8–10 PERSONEN

Frisches Gemüse mit Dips

Mini-Fleischpflanzerl

Forellenmousse mit Lachswürfeln

Kartoffel-Gemüsesalat

Marinierter Feta-Käse

Verschiedene eingelegte Gemüse wie Oliven, Peperoni, Zwiebeln (fertig gekauft)

Kirsch-Schokoladenkuchen

PLANUNG UND VORBEREITUNG

Am Vortag

- Das frische Gemüse putzen, waschen, in Stücke schneiden und locker in einen Plastikbeutel verpacken. Kühl stellen.
- Dips, Mini-Fleischpflanzerl, Kartoffel-Gemüsesalat, Forellenmousse, Kirschkuchen zubereiten. Alles transportfähig verpacken und, mit Ausnahme des Kuchens, im Kühlschrank aufbewahren.
- Ziegenkäse marinieren.
- Picknickkorb mit Geschirr, Gläsern, Besteck, Servietten usw. bestücken.

1 Stunde vor der Abfahrt

- Tee kochen, über Eiswürfeln erkalten lassen und in verschließbare Flaschen füllen.
- Die vorbereiteten Speisen in Körbe, die Getränke in Kühlboxen verpacken und mit den sonstigen notwendigen Utensilien im Auto oder auf dem Fahrrad verstauen.
- Verschiedene Brotsorten entweder kurz vor der Abfahrt beim Bäcker frisch holen oder einen Tag vorher einfrieren und vor dem Start ins Grüne aufbacken.

Es kann losgehen

- Die Körbe sind gepackt und die Kühltaschen gefüllt – nun muß nur noch ein gemütliches Plätzchen unter einem schattigen Baum ausfindig gemacht werden. Tischtuch ausbreiten, die Speisen auf dem gedeckten »Tisch« verteilen. Nun steht der vergnüglichen Tafelei nichts mehr im Wege.

Getränkeempfehlung

Wer zum Picknick eine Nobelkarosse mietet, muß natürlich unbedingt Champagnerkorken knallen lassen. Ansonsten sind leichte Sommerweine das Richtige, z. B. ein trockener, gut gekühlter Rosé von der Loire oder aus der Provence, Südtiroler Lagrein, prickelnder Prosecco oder Galestro aus der Toskana. Ideal sind auch Eistee, selbst gemacht oder gekauft, und natürlich Mineralwasser.

TIP

- Für den Transport von Geschirr, Gläsern, Besteck usw. eignet sich am besten ein spezieller Picknickkoffer, in dem die nötigen Utensilien sicher verpackt sind. Diese meist sehr edlen Körbe beinhalten hübsches Porzellangeschirr, Besteck, Tischdecken und Servietten, manche sogar Kerzenleuchter. Die Preise für diese englischen Wunderkisten sind stolz. Ein großer Weidenkorb für Teller, Tassen, Gläser und Besteck tut es ebenso.
- Zu einem richtigen stilvollen Picknick gehört Porzellangeschirr. Notfalls kann man auch auf hartes Kunststoffgeschirr zurückgreifen.
- Die Gläser dürfen nicht zu empfindlich sein und müssen eine gute Standfestigkeit haben.
- Natürlich braucht man für all die vielen Köstlichkeiten eine große Tischdecke. Aufpassen: Gelb zieht Insekten magisch an.
- Unbedingt jede Menge Servietten einpacken.
- Damit das Sitzen auf Dauer nicht ungemütlich wird, an reichlich Decken und Kissen denken.
- Keinesfalls darf vergessen werden: Salzstreuer, Pfeffermühle, Flaschenöffner, Korkenzieher, eine Kühltasche für die Getränke, im Bedarfsfall ein Aschenbecher und natürlich Müllbeutel für den Abfall.

Abbildungen: diverse eingelegte Gemüse und Käse, appetitlich angerichtetes Picknick-Büfett

REZEPTE FÜR 8–10 PERSONEN

Frisches Gemüse mit Dips

ZUTATEN
1 kg verschiedenes knackfrisches Gemüse (z. B. Zucchini, Stangensellerie, Frühlingszwiebeln, Möhren, Paprikaschoten)

ZUBEREITUNG
Das gewaschene und geputzte Gemüse in Streifen oder mundgerechte Stücke schneiden und in angefeuchteten Plastikbeuteln im Kühlschrank aufbewahren.

Cocktailsauce

ZUTATEN
250 g Mayonnaise, 4–5 EL Ketchup, 2–3 EL Grand Marnier, 4–5 EL frisch gepreßter Orangensaft, etwas Tabasco, Salz, Pfeffer, 2 EL geschlagene Sahne

ZUBEREITUNG
Mayonnaise mit den übrigen Zutaten verrühren, würzen und die geschlagene Sahne kurz bevor's losgeht unterziehen.

Sauce Tatar

ZUTATEN
2 hart gekochte Eier, 1 EL Kapern, 2 Essiggurken, 1 Bund Frühlingskräuter, 250 g Mayonnaise, 150 g Joghurt, Saft von 1 Zitrone, 1 TL Dijonsenf, Salz, Pfeffer

ZUBEREITUNG
Eier, Kapern, Essiggurken und Kräuter fein hacken, unter die Mayonnaise und den Joghurt rühren und würzig abschmecken.

TIP
Wärmeempfindliche, leicht verderbliche Lebensmittel wie Tatar, Carpaccio oder selbst gemachte Mayonnaise sind fürs Picknick ungeeignet.

Mini-Fleischpflanzerl

ZUTATEN
2 große Möhren, 1 Lauchstange, 100 g Räucherspeckwürfel, 2 EL Keimöl, 2 EL kleine Kapern, 1 EL fein gehackte Sardellen, 2 eingeweichte, ausgedrückte Brötchen, 2 Eier, 1,2 kg Kalbshackfleisch, Salz, Pfeffer, Keimöl zum Braten

ZUBEREITUNG
• Möhren und Lauch putzen und in kleine Würfel schneiden oder fein hacken. Die Räucherspeckwürfel in Öl glasig dünsten, das Gemüse dazugeben und mit anschwitzen. Kapern und Sardellen ebenfalls fein wiegen und unter das Gemüse mischen.
• Die ausgedrückten Brötchen und Eier unter das Kalbshack mischen und mit Salz und Pfeffer würzen.
• Mundgerechte Laibchen daraus formen.
• Öl in einer beschichteten Pfanne erhitzen und die Fleischlaibchen portionsweise auf beiden Seiten goldbraun braten. Auf Küchenpapier abfetten lassen und abgekühlt in Vorratsdosen verpacken.

Forellenmousse mit Lachswürfeln

ZUTATEN
500 g geräucherte Forellenfilets, 400 g Crème fraîche, Salz, Pfeffer, 200 g Räucherlachs, 2 EL gehackter Dill

ZUBEREITUNG
• Die Forellenfilets häuten und, falls nötig, entgräten. Mit Crème fraîche im Mixer fein pürieren, salzen, pfeffern und in eine Schüssel füllen.
• Den Räucherlachs in sehr kleine Würfel schneiden und mit dem Dill unter die Creme rühren. In Vorratsdosen verpackt bis zum nächsten Tag kalt stellen.

Kartoffel-Gemüsesalat

ZUTATEN
1,5 kg fest kochende Kartoffeln, ¼ l heiße Fleischbrühe, 6 EL Weißweinessig, 2 EL Estragonessig, Salz, Pfeffer, 8 EL Keimöl, 2 Kohlrabi, 1 Bund junge Möhren, 300 g Tiefkühl-Erbsen, 300 g gekochter Schinken, 1 EL Dijonsenf, 2–3 EL Crème fraîche, 4 EL Schalottenwürfel, 10 g Butter, ½ Bund Kerbel

ZUBEREITUNG
• Die Kartoffeln garen, schälen und in dünne Scheiben schneiden. Die heiße Brühe mit den Essigsorten, Salz, Pfeffer und Öl verquirlen und die Kartoffeln damit begießen. 15 Minuten ziehen lassen.
• Kohlrabi und Möhren schälen, in schmale Streifen oder Würfel schneiden und mit den Erbsen in kochendem Salzwasser in wenigen Minuten bißfest kochen. Sofort in eiskaltem Wasser abschrecken und gut abtropfen lassen. Den Schinken in feine Streifen oder in Würfel schneiden.
• Senf mit Crème fraîche verrühren und mit dem Gemüse und Schinken unter die marinierten Kartoffeln mischen und bis zum nächsten Tag durchziehen lassen. Noch einmal nachwürzen.
• Die Schalottenwürfel in Butter glasig dünsten und, kurz bevor Sie losfahren, untermischen. Mit den abgezupften Kerbelblättchen bestreuen.

Marinierter Feta-Käse

ZUTATEN
500 g Feta-Käse, 1 EL Thymianblätter, 1 TL Rosmarinnadeln, 1–2 rote Peperoni, ¼ l Olivenöl (extra virgen)

ZUBEREITUNG
Den Käse in Würfel schneiden. Kräuter und Peperoni fein hacken, mit dem Öl und dem Käse vermischen. In ein Schraubglas füllen und mindestens einen Tag marinieren.

Kirsch-Schokoladenkuchen

ZUTATEN
350 g Butter, 350 g Zucker, 2 EL Vanillezucker, 6 Eigelb, 120 g Speisestärke, 250 g Mehl, 150 g geriebene Zartbitterschokolade, 1 Päckchen Backpulver, 250 g geröstete, geriebene Haselnüsse, 3 Eiweiß, 1 kg entsteinte Kirschen, Puderzucker zum Bestäuben

ZUBEREITUNG
- Backofen auf 180° C vorheizen. Butter, Zucker und Vanillezucker cremig rühren und nach und nach die Eigelbe hinzufügen. Speisestärke, Mehl, Schokolade, Backpulver und Haselnüsse vermischen und unter die Schaummasse rühren. Das Eiweiß zu steifem Schnee schlagen und locker unterziehen.
- Die Masse auf einem tiefen Backblech oder in einer Fettpfanne verteilen, die Oberfläche glatt streichen, mit den Kirschen belegen. Auf der mittleren Schiene 40 bis 45 Minuten backen.
- In Stücke schneiden und mit Puderzucker bestäuben.

TIP
Was sich sonst noch für ein feines Picknick eignet:
- Pikanter kalter Hackbraten oder kalter Schweinebraten, in Alufolie verpackt.
- Gekaufte oder selbst gemachte Terrinen in der Form.
- Frische Blattsalate mit Vinaigrette, die man getrennt in einem Schraubglas transportieren kann.
- Eingelegte Kürbisstücke, Mixed Pickles oder Cornichons im Glas.
- Englische Orangenmarmelade oder andere Konfitüren, Butter und Rosinensemmeln zum Selberschmieren.

Abbildungen: Picknickkorb mit Geschirr, Eistee, Mini-Fleischpflanzerl, rohes Gemüse mit Sauce Tatar, Kühlbox mit Getränken, Schokoladen-Kirschkuchen (von links oben nach rechts unten)

BOOTS- UND SEGELPARTY

Wind, Wasser und Wellen haben immer einen ganz besonderen Reiz. Deshalb sind Feiern auf einem Segel- oder Motorboot ein Riesenspaß. Beim mitgebrachten Essen muß man allerdings darauf achten, daß es »robust« und gut zu handhaben ist. Um eine Bootsfete zu starten, müssen Sie nicht unbedingt ein großes Segelschiff Ihr eigen nennen. Mieten Sie sich einfach ein Boot oder verlegen Sie die Party ans Ufer: Ein Paddelboot, als Tisch umfunktioniert, maritime Köstlichkeiten und heitere Seemannslieder machen die Schiffs-Partystimmung perfekt.

BOOTSPARTY FÜR 10–12 PERSONEN

Matjessalat

Marinierte Krabben auf Vollkornbrot

Soleier

Marinierte Kalbslende

Gemüsebrot

Gefüllter Tortenbrie

Quark-Aprikosenschnitten

PLANUNG UND VORBEREITUNG

Einige Tage vorher
- Gemüsebrot backen und einfrieren.
- Soleier einlegen.

Am Vortag
- Matjessalat zubereiten.
- Krabben marinieren.
- Kalbslende kochen, Brie füllen.
- Kuchen backen.
- Alle Speisen transportfähig verpacken und kalt stellen. Getränke kühlen.
- Geschirr, Gläser, Besteck, Servietten und Tischtücher einpacken.

1 Stunde vor Abfahrt
- Gemüsebrot aufbacken.
- Alle Speisen und Getränke in Kühlboxen und Körben verteilen.
- Verschiedene Brotsorten einkaufen.

Auf dem Boot
- Alles auspacken, Tisch decken, Bierflaschen öffnen und die Leinen losmachen.

Getränkeempfehlung
Zu den deftig-herzhaften Speisen paßt am besten ein kühles Pils. Weintrinker sind mit einem gut gekühlten fruchtigen Rosé gut beraten. Bestens eignet sich da z. B. ein Bardolino Chiaretto oder auch ein roter Bardolino, den man leicht gekühlt serviert.
Da Seemänner und -frauen meist nichts gegen einen kräftigen Schluck nach dem Essen einzuwenden haben, unbedingt einen kühlen Korn oder ähnliches in die Kühltasche einpacken. Gerne wird an Bord auch Eistee oder Mineralwasser getrunken.

Dekovorschlag
Findet die Party auf einem Schiff statt, sind Wind, Wellen und die Landschaft die schönste Deko. Bei der Party am Ufer sollten Sie ein bißchen nachhelfen. Ein blaues Tischtuch, mit selbst gebastelten weißen Papierschiffchen dekoriert, sieht sehr fein aus. Ein grobmaschiges Fischernetz, das es in Dekoläden gibt, oder eine Matrosenmütze vom letzten Fasching vervollständigen den Tischschmuck.

REZEPTE FÜR 10–12 PERSONEN

Marinierte Kalbslende

ZUTATEN
800 ml Kalbsfond, ¼ l trockener Weißwein, 2 Thymianzweige, 1 Estragonzweig, 1,5 kg Kalbslende, je 250 g Knollensellerie, Möhren und Lauch, 1 EL Kräutersenf, Salz, Pfeffer, 2 EL Estragonessig, 3 EL Champagneressig, 4 EL Olivenöl (extra virgen), 3–4 EL Schnittlauchröllchen

ZUBEREITUNG
• Kalbsfond, Wein und Kräuter zum Kochen bringen. Das Fleisch hineinlegen und ca. 30 Minuten pochieren.
• Gemüse waschen, putzen und in kleine Würfel schneiden. Das Fleisch herausnehmen und das Gemüse in der Brühe bißfest garen. Mit einem Schaumlöffel herausheben und in eiskaltem Wasser abschrecken.
• Die Brühe auf etwa 400 ml einkochen lassen. Das Fleisch in dünne Scheiben schneiden, leicht überlappend in eine gut verschließbare, längliche Vorratsdose schichten und mit den Gemüsewürfeln bestreuen.
• Senf mit Salz, Pfeffer und den beiden Essigsorten verrühren und die Brühe sowie das Olivenöl dazugießen. Die Marinade darüber gießen und über Nacht durchziehen lassen. Vor dem Servieren mit Schnittlauch bestreuen.

Marinierte Krabben

ZUTATEN
600 g Krabben, 1 EL Zitronensenf, Saft von 1 Zitrone, Salz, Pfeffer, 5 EL Olivenöl (extra virgen), ½ Bund gehackter Dill

ZUBEREITUNG
• Die Krabben mit den übrigen Zutaten über Nacht marinieren.
• Am nächsten Tag auf gebuttertem Vollkornbrot genießen.

Matjessalat

ZUTATEN
12 Matjesfilets, 500 g gekochte Kartoffeln, 400 g kalter Kalbsbraten, je 1 Glas eingelegte rote Bete und Essiggurken (je ca. 250 g), 2 große, säuerliche Äpfel, 250 g Mayonnaise, 1 EL Ketchup, 2–3 EL Weißweinessig, Salz, Pfeffer

ZUBEREITUNG
• Matjesfilets kurz wässern, trockentupfen und wie die geschälten Kartoffeln und das Kalbfleisch in feine Streifen schneiden. Rote Bete und Essiggurken abgießen und jeweils etwas von der Flüssigkeit aufbewahren. Die Äpfel schälen, halbieren, entkernen und wie die rote Bete und die Essiggurken in Streifen schneiden.
• Mayonnaise mit Ketchup, Essig, Salz und Pfeffer verrühren und mit der Einlegeflüssigkeit von Gurken und roter Bete verrühren. Die vorbereiteten Zutaten untermischen und zugedeckt gut durchziehen lassen.

Soleier

ZUTATEN
12 Eier, ¼ l Weinessig, ½ l Weißwein, ½ l Wasser, 1 Lorbeerblatt, 2 zerdrückte Wacholderbeeren, 10 Pfefferkörner, 3 EL Senfkörner, 1 kleine Chilischote, 2 Thymianzweige
Sauce: ca. 200 g scharfer Senf, Pfeffer, 3–4 EL Weinessig, 6 EL Keimöl

ZUBEREITUNG
• Eier hart kochen. Die Eierschalen rundherum aufklopfen und die Eier in ein großes Glas schichten.
• Weißweinessig, Weißwein und Wasser mit den Gewürzen zum Kochen bringen und etwa 5 Minuten köcheln lassen. Abgekühlt über die Eier gießen und 2 bis 3 Tage an einem kühlen Ort durchziehen lassen.
• Senf mit den übrigen Zutaten verquirlen und zu den Eiern servieren.

Gemüsebrot

ZUTATEN
250 g Mehl, ½ TL Salz, ⅛ l lauwarme Milch, 20 g Hefe, 1 Prise Zucker, 2 Eier, 1 Eigelb, 200 g Gemüsewürfel (z. B. von Möhren, Stangensellerie, Paprika, Zucchini), 50 g Tiefkühl-Erbsen, 50 g Butter, 100 g Magerquark, 80 g geriebener Hartkäse, 3 EL gehackte Kräuter, Pfeffer, Muskat, Fett für die Form

ZUBEREITUNG
• Aus Mehl, Salz, Milch, Hefe, Zucker, Eiern und Eigelb einen Hefeteig zubereiten und 30 Minuten gehen lassen.
• Gemüsewürfel und Erbsen in Butter andünsten und abkühlen lassen. Mit Quark, Käse und Kräutern unter den Teig rühren. Würzen und in eine gefettete Kastenform von etwa 24 cm Länge füllen. Erneut 20 Minuten gehen lassen.
• Backofen auf 180° C vorheizen und das Brot etwa 45 Minuten backen.

Gefüllter Tortenbrie

ZUTATEN
1 Tortenbrie von ca. 20 cm Durchmesser, 250 g Magerquark, 2 EL Zwiebelwürfel, 20 g Butter, 2 hart gekochte Eier, 1 EL Paprika (edelsüß), 1 EL Tomatenmark, 1 Msp gemahlener Kümmel, 4–5 Bund geschnittener Schnittlauch

ZUBEREITUNG
• Den Käse waagrecht durchschneiden und die Hälften bis auf einen Rand von 1 cm Breite aushöhlen.
• Das Käseinnere mit Quark fein zerdrücken. Zwiebelwürfel in Butter dünsten, mit den klein gehackten Eiern unter die Käsecreme mischen und würzen.
• Boden und den Rand der Briehälften mit Schnittlauch ausstreuen, etwas andrücken und die Käsemasse einfüllen. Die Oberflächen ebenfalls dick mit Schnittlauch bestreuen und die Hälften wieder zusammensetzen, leicht andrücken und kalt stellen.

Quark-Aprikosenschnitten

ZUTATEN
Teig: 800 g Mehl, 1 Päckchen Backpulver, 1 Prise Salz, 300 g Zucker, 1 Päckchen Vanillezucker, 2 Eier, 400 g Butter
Belag: 1,5 kg Schichtkäse, 300 g Zucker, 4 Eier, ¼ l Sahne, 1 Päckchen Vanillepuddingpulver, 100 g Mandelstifte, 1 kg Aprikosen, Fett für die Form, Puderzucker zum Bestäuben

ZUBEREITUNG
- Die angegebenen Zutaten zu einem Mürbeteig verkneten und etwa 30 Minuten kalt stellen.
- Für den Belag den Schichtkäse mit Zucker verrühren und nach und nach Eier, Sahne, Puddingpulver und Mandelstifte unterrühren. Die Aprikosen waschen, halbieren, entsteinen und in schmale Schnitze schneiden. Backofen auf 200° C vorheizen.
- Zwei Drittel des Mürbeteiges ausrollen und ein Backblech damit auskleiden. Mit einer Gabel mehrmals einstechen. Die Quarkmasse gleichmäßig darauf verteilen und mit den Aprikosen belegen. Den restlichen Teig über den Belag bröseln.
- Auf der unteren Schiene des heißen Backofens etwa 45 Minuten goldbraun backen. Mit Puderzucker bestäuben.

TIP
Je nach Jahreszeit können Sie diesen saftigen Blechkuchen auch mit frischen, entsteinten Kirschen, Pfirsichen oder Zwetschgen belegen.
Alle diese Gerichte eignen sich auch für eine Anglerparty oder ein anderes lustiges Fest im Freien.

Abbildungen: alles gut verstaut, Gemüsekuchen, Soleier mit Senfsauce, Getränke müssen kalt sein, marinierte Krabben mit Vollkornbrot, Quark-Aprikosenschnitten (von links oben nach rechts unten)

SOMMERLICHES GRILLFEST

Fisch, Fleisch oder Gemüse sanft auf glimmender Glut gegart – das ist Eßvergnügen mit einem Hauch von Abenteuer-Romantik. Ist alles gut vorbereitet, haben Frauen beim Grillfest selbst wenig zu tun, da Grillen meist reine Männersache zu sein scheint.

GRILLFEST FÜR 10–12 PERSONEN

Marinierte Hähnchenflügel

T-Bone-Steaks

Gemüsespieße

Fischkoteletts in Alufolie

Hummer vom Grill

Salate mit diversen Dressings

Verschiedene Grillsaucen

Gegrillte Ananas mit Kokoscreme

PLANUNG UND VORBEREITUNG

Am Vortag

- Fleisch und Geflügel marinieren.
- Grill- und Salatsaucen vorbereiten.
- Getränke kühl stellen.

Einige Stunden vorher

- Salat und Gemüse putzen.
- Gemüse in kleine Stücke schneiden und auf Grillspieße stecken.
- Kartoffeln und Fisch in Alufolie verpacken und kühl stellen.

Kurz vor Eintreffen der Gäste

- Auf einem Tisch alle Zutaten, die gegrillt werden, appetitlich anrichten. Falls Sie Hummer grillen möchten, richten Sie die vorgegarten Exemplare am besten auf einer Schale mit gestoßenem Eis an. Es schmecken aber auch Langustinen, Riesengarnelen oder Scampi.
- Neben den selbst zubereiteten Grillsaucen auch fertige Saucen bereitstellen.
- Gemischten Salat in eine große Schüssel geben und Dressings sowie verschiedene Essig- und Ölsorten, Salz und Pfeffer daneben stellen.
- Teller, Besteck, Servietten und Gläser bereitstellen.
- Wenn der Weg zum Kühlschrank zu weit ist, packen Sie Wein- und Bierflaschen in eine Kühlbox, die Sie dann griffbereit im Garten plazieren.
- Die Holzkohle zum Glühen bringen.

Beim Eintreffen der Gäste

- Aperitif anbieten.
- Sobald die Holzkohlen mit einer weißen, glimmenden Schicht überzogen sind, darf nach Herzenslust gegrillt werden.

Getränkeempfehlung

Als Aperitif einen fruchtigen, erfrischenden Cocktail anbieten, z. B. einen Maracuja-Drink.
Zum Gegrillten paßt ein herbfrisches Bier oder ein gut gekühlter, fruchtiger Rosé-Wein, z. B. aus Navarra.
Für Kinder Säfte, Limonade, Tee-Frucht-Getränke und natürlich auch Mineralwasser bereithalten.

Dekovorschlag

- Da Grillparties im Freien stattfinden, macht ein blühender Garten jede weitere Dekoration überflüssig.
- Wenn die Gartenmöbel nicht ausreichen, leihen Sie sich eine Biergartengarnitur aus.
- Den Tisch am besten mit einem Papiertischtuch oder einem abwischbaren Wachstuch bedecken.
- Papierservietten nicht vergessen.
- Verschicken Sie als Einladung eine Karte, auf die Sie einen Schaschlikspieß kleben. Vermerken Sie, daß sich zur angegebenen Zeit jeder nach Herzenslust seinen eigenen Spieß kreieren kann.

REZEPTE FÜR 10–12 PERSONEN

Maracuja-Drink

1 l Maracujasaft, 100 ml Maracujalikör, 50 ml weißer Rum, Saft von 3 Limetten, reichlich gestoßenes Eis, 10 Minzezweige, 10 Kirschen mit Stiel, evtl. Sekt zum Aufgießen
Maracujasaft mit -likör, Rum und Limettensaft verquirlen. Das Eis in Longdrinkgläser verteilen und den gut gekühlten Drink darüber gießen. Wer möchte, gießt einen Schuß Sekt auf. Mit Minzezweigen und Kirschen dekorieren.

REZEPTE FÜR 10–12 PERSONEN

Gemüsespieße

ZUTATEN
Marinade: 200 ml Olivenöl (extra virgen), 4 Knoblauchzehen, je 2 Zweige Thymian und Oregano, 1 Rosmarinzweig, 1 Lorbeerblatt, 1 kleine Pfefferschote, 1 EL Ketchup, Salz, Pfeffer, 1 EL Aceto Balsamico
Gemüsespieße: 4 kleine Zucchini, 4 vorgegarte Maiskolben (aus der Dose), je 2 rote und gelbe sowie 1 grüne Paprika, 6–8 junge Zwiebeln

ZUBEREITUNG
- Am Vortag das Olivenöl mit den durchgepreßten Knoblauchzehen verrühren. Die Kräuter und die Pfefferschote fein hacken und mit dem Ketchup unter das Knoblauchöl rühren Mit Salz, Pfeffer und Essig würzen.
- Am nächsten Tag die Gemüsesorten waschen. Die Zucchini so schälen, daß immer ein Streifen mit Schale bleibt. Zucchini und Maiskolben in dicke Scheiben schneiden. Die Paprikaschoten halbieren, entkernen und in mundgerechte Stücke schneiden. Zwiebeln schälen und achteln.
- Die Gemüse nebeneinander auf einer Platte anrichten und die Schaschlikspieße daneben legen. So kann sich jeder seinen eigenen Gemüsespieß zusammenstellen.
- Vor und während des Grillens mit Knoblauchöl-Marinade bestreichen.

TIP
Eine herrliche Beilage sind neben Brot mehlig kochende Kartoffeln, die mit Alufolie umhüllt in der Glut gegart werden.

Abbildungen: diverse Saucen dürfen beim Grillen nicht fehlen; so muß die grillbereite Glut aussehen; Hummer, eine köstliche, aber kostspielige Grillspezialität

Fischkoteletts in Alufolie

ZUTATEN
3 Lachskoteletts à 250 g, 3 Schellfischkoteletts à 250 g, Salz, Pfeffer, 6 Fleischtomaten, je 3 Rosmarin- und Basilikumzweige, 1 unbehandelte Zitrone, 3 EL Olivenöl (extra virgen)

ZUBEREITUNG
- Die Fischkoteletts waschen, trocken tupfen und mit Salz und Pfeffer würzen.
- Tomaten blanchieren, häuten, halbieren und entkernen. Das Fruchtfleisch in Würfel schneiden.
- Die Alufolie zurechtschneiden und jeweils ein Kotelett in die Mitte geben. Die Tomatenwürfel darauf häufen, mit je einem Kräuterzweig und 1 Zitronenscheibe belegen und mit 1 EL Olivenöl beträufeln. Die Ränder zusammendrücken und die Päckchen etwa 15 Minuten auf den Grill legen.

T-Bone-Steaks

ZUTATEN
3 T-Bone-Steaks à 600 g, 3 EL Olivenöl (extra virgen), 3 Knoblauchzehen, 3 Rosmarinzweige, Salz, Pfeffer

ZUBEREITUNG
- Steaks waschen, trocken tupfen und mit Öl bepinseln. Knoblauchzehen schälen, fein zerdrücken und jeweils mit einem Rosmarinzweig zwischen die Fleischscheiben legen. Mit Salz und Pfeffer würzen und zugedeckt über Nacht marinieren.
- Je nach Garzeit wird das Steak blutig, medium oder durchgebraten sein.

TIP
Kaufen Sie die T-Bone-Steaks nur gut abgehangen. So haben Sie die Garantie für ein zartes Steak.
Für Kinder sind Würstchen ein absolutes Muß. Abgekochte Hummer bedürfen keiner besonderen Zubereitung. Sie werden einfach auf den Grill gelegt (jede Seite etwa 5 Minuten).

Marinierte Hähnchenflügel

ZUTATEN
24 Hähnchenflügel
Marinade: 150 g Vollmilchjoghurt, 2 EL Keimöl, 1 EL Curry, etwas frisch geriebener Ingwer, 2 zerdrückte Knoblauchzehen, 1 TL Paprikapulver, 1 Msp Cayennepfeffer, Saft und Schale von ½ Zitrone

ZUBEREITUNG
- Die Hähnchenflügel waschen und trocken tupfen.
- Die Zutaten für die Marinade verrühren und die Hähnchenflügel damit einreiben. Zugedeckt über Nacht im Kühlschrank marinieren.
- Über der heißen Glut etwa 15 bis 20 Minuten goldbraun und knusprig grillen.

Curry-Dip

ZUTATEN
2 Eigelb, Salz, 1 TL Dijonsenf, 2 EL mildes Currypulver, ¼ l Keimöl, Saft von ½ Zitrone, 1 Spritzer Tabasco, 1 EL abgezogene, geriebene Mandeln, 1 EL gehacktes Koriandergrün

ZUBEREITUNG
Eigelb mit Salz, Senf und Curry mit einem Schneebesen verquirlen und tröpfchenweise das Öl dazugießen. Mit Zitronensaft und Tabasco würzen und zum Schluß die Mandeln und das Koriandergrün untermischen.

Ketchup-Dip

ZUTATEN
3 EL Mayonnaise, 2 EL Ketchup, 1 EL Cognac, etwas Limettensaft, 1 Spritzer Tabasco, 1 EL geschlagene Sahne, 1 EL fein geschnittener Dill

ZUBEREITUNG
Alles miteinander verrühren, würzen und Sahne und Dill unterziehen.

Kräuterdip

ZUTATEN
1 Bund Frühlingskräuter (z. B. Basilikum, Schnittlauch, Petersilie, Kerbel, Dill, Sauerampfer), 100 g Mayonnaise, 100 g Vollmilchjoghurt, Salz, Pfeffer, Zitronensaft

ZUBEREITUNG
Die Blätter von den Stielen zupfen und mit der Mayonnaise und dem Joghurt im Mixer fein pürieren. Mit Salz, Pfeffer und Zitronensaft würzen.

Gegrillte Ananas mit Kokoscreme

ZUTATEN
3–4 Ananas, 4 EL dünnflüssiger Honig, 4 EL weißer Rum, 4 EL flüssige Butter
Kokoscreme: 500 g Mascarpone, 8 cl Kokoslikör, 4–6 EL Ananassirup, 1 EL Vanillezucker, Puderzucker nach Geschmack, 2–3 EL Kokosflocken, ¼ l Sahne, 2–3 Minzezweige

ZUBEREITUNG
- Ananas mit dem grünen Schopf der Länge nach achteln und den mittleren harten Teil abschneiden.
- Honig, Rum und Butter verrühren und das Fruchtfleisch der Ananas vor dem Grillen damit bestreichen. Wenige Minuten grillen.
- Für die Kokoscreme Mascarpone mit Kokoslikör, Ananassirup, Vanillezucker und Puderzucker verrühren und die Kokosflocken hinzufügen.
- Die Sahne steif schlagen. Minzeblätter fein hacken und mit der Sahne unter die Creme ziehen. Zu den gegrillten Ananasachteln reichen.

Abbildungen: Fischkotelett in Alufolie, Gemüsespieße, Ananas vom Grill

ZÜNFTIGE BROTZEIT FÜR EINE WANDERUNG

»Das Wandern ist des Müllers Lust« ... vor allem mit einem Rucksack vollgepackt mit feinen Schmankerln. Wie herrlich ist es, die Natur zu Fuß oder mit dem Rad zu genießen und sich – wenn der Magen zu knurren beginnt – ein schönes Plätzchen zu suchen und eine zünftige Brotzeit abzuhalten.

BROTZEIT FÜR 6–8 PERSONEN

Gefüllte Putenröllchen

Kleine Wiener Schnitzel

Bunte Käsespieße

Hart gekochte Eier

Salatgurkenstreifen

Kräuterdip
(Seite 109)

Vollkornbrot

Rotweinkuchen

PLANUNG UND VORBEREITUNG

Am Vortag

- Schnitzel und Putenröllchen braten und abgekühlt verpacken.
- Eier kochen, Salatgurke in Stücke schneiden und in einen Plastikbeutel hüllen.
- Kräuterdip zubereiten (siehe Seite 109).
- Rotweinkuchen backen.
- Käsespieße vorbereiten.

Am selben Tag

- Brot aufschneiden.
- Alles in möglichst leichte Behälter oder Plastiktüten verpacken.
- Falls es unterwegs keine Einkehrstation gibt, wo der Durst gestillt werden kann, am besten kalten Tee in Schraubflaschen mitnehmen.
- Rucksack packen und los geht's!

REZEPTE FÜR 6 -8 PERSONEN

Kleine Wiener Schnitzel

ZUTATEN
16 dünne, kleine Kalbsschnitzel, Salz, Pfeffer, Mehl, 2 Eier, Paniermehl, 8 EL Keimöl, 40 g Butter

ZUBEREITUNG
- Schnitzel flach klopfen, mit Salz und Pfeffer würzen. In Mehl, verquirlten Eiern und Paniermehl wenden.
- Öl und Butter in einer beschichteten Pfanne erhitzen und die Schnitzel darin goldbraun braten.

Bunte Käsespieße

ZUTATEN
Je 3 fingerdicke Scheiben Butterkäse und Hartkäse, einige blaue und helle Weintrauben und Datteln

ZUBEREITUNG
- Käsescheiben in Würfel schneiden.
- Trauben waschen, Datteln halbieren und entkernen. Käse und Früchte abwechselnd auf Spieße stecken. Spieße einzeln in Sichtfolie verpacken.

Gefüllte Putenröllchen

ZUTATEN
8 dünne Putenschnitzel à 100 g, Salz, Pfeffer, 2 EL geriebener Meerrettich, 400 g rohe fränkische Bratwürste, 4 EL Paniermehl, ⅛ l Sahne, 2 Essiggurken, etwas Majoran, 4 EL Keimöl, 20 g Butter, ¼ l Weißwein zum Beträufeln

ZUBEREITUNG
- Die Putenschnitzel nebeneinander legen, flach klopfen, würzen und mit Meerrettich bestreichen.
- Das ausgepellte Bratwurstbrät mit Paniermehl und so viel Sahne verrühren, bis eine streichfähige Paste entsteht. Die in sehr kleine Würfel geschnittenen Essiggurken und den Majoran untermischen. Auf die Schnitzel streichen, aufrollen und mit Zahnstochern zustecken.
- Öl und Butter erhitzen und die Röllchen darin rundherum etwa 10 Minuten gar braten, dabei mit Wein beträufeln.
- Röllchen herausnehmen, den Bratenfond sirupartig einkochen lassen und die Röllchen damit überziehen.

TIP

Wer in Süddeutschland lebt, kann seine Brotzeit samt Tellern, Besteck und Servietten auch gut in einen Korb packen und in den nächsten Biergarten radeln. Dort darf die Brotzeit nämlich selbst mitgebracht werden. Das erfrischende Bier gibt's dann frisch gezapft vom Faß.

Rotweinkuchen

ZUTATEN

Teig: 200 g Butter, 200 g Zucker, 2 EL Vanillezucker, 4 Eier, 1 EL gemahlener Zimt, 3 EL Kakao, 100 g Schokoladenstreusel, ⅛ l kräftiger Rotwein, 250 g Mehl, 1 Päckchen Backpulver

Außerdem: Fett für die Form, 150 g Puderzucker, 3–4 EL Rotwein

ZUBEREITUNG

- Backofen auf 180° C vorheizen.
- Die weiche Butter mit Zucker und Vanillezucker sahnig rühren und nach und nach Eier, Zimt, Kakao und Schokoladenstreusel hinzufügen. Zu einer dickschaumigen Masse schlagen und zum Schluß abwechselnd den Rotwein und das Mehl-Backpulver-Gemisch unterrühren.
- Die Masse in eine gefettete Kastenform von 24 cm Länge füllen und auf der unteren Schiene des heißen Backofens etwa 1 Stunde backen.
- Auf ein Kuchengitter stürzen und abkühlen lassen. Puderzucker mit so viel Rotwein anrühren, bis eine glatte, glänzende Glasur entsteht. Den Kuchen damit überziehen.
- Am nächsten Tag den Kuchen in Scheiben schneiden und in einer Vorratsdose aufbewahren.

TIP

Den Kuchen können Sie schon einige Tage vorher backen. Dann schmeckt er noch aromatischer.

Abbildungen: hart gekochte Eier und Salatgurkenstreifen mit Kräutersauce, fruchtige Erfrischung, Käsespieße mit Früchten, frische Milch als gesunde Stärkung, kleine Wiener Schnitzel (von links oben nach rechts unten)

TISCH-KULTUR

Zum Glück hängt die vergnügte Stimmung einer Party oder eines gemeinsamen Essens letztlich nicht davon ab, ob der Tisch perfekt gedeckt ist, ob man rechtzeitig eingeladen hat, passend angezogen ist, die Tischordnung allen entspricht oder das Glas für den ausgewählten Wein auch wirklich das richtige ist. Entscheidend für ein gelungenes Fest sind vielmehr entspannte, gut gelaunte Gastgeber, bei denen die Gäste spüren, daß sie willkommen sind. Tips und Tricks, wie Sie als Gastgeber jede Einladung locker und entspannt genießen können, finden Sie auf den folgenden Seiten.

SUPERSTIMMUNG DANK GUTER PLANUNG

Gäste einzuladen und in privater Atmosphäre mit ihnen zu feiern, zu essen und zu trinken ist nicht nur die persönlichste, sondern auch die sympathischste Art der Geselligkeit.
Anlässe zum Feiern gibt es genug und sei es nur, daß man sich einfach mal wieder gemütlich zusammensetzen möchte. Die spontanen Feiern sind häufig die lustigsten. Denn das Wichtigste bei einer Fete ist in erster Linie, daß sich Gäste und Gastgeber wohl fühlen, Spaß haben und sich noch lange und gerne an den schönen Abend zurückerinnern.
Bei größeren Parties oder offiziellen Familienfeierlichkeiten ist eine gute Planung und Organisation jedoch absolut notwendig, um Pleiten, Pech und Pannen vorzubeugen.

Wer, wann und warum?

• Als erstes sollten Sie sich überlegen, wen Sie einladen möchten, bei Familienfeiern manchmal auch müssen! Zwischenmenschlichen Spannungen kann bei einer Party aus dem Weg gegangen werden, wenn bei der Auswahl der Gäste ein wenig darauf geachtet wird, wer miteinander harmoniert. Das ist zwar nicht immer voraussehbar, aber es läßt sich z. B. vermeiden, daß sich ein Single unter lauter Pärchen etwas verloren fühlt oder zwei Menschen aufeinander treffen, die Krach miteinander haben. Bedenken Sie auch, ob es ein Fest mit Kindern oder nur mit Erwachsenen sein soll. Eine Party mit Grossen ist für ein einzelnes Kind meist kein Spaß.

• Zeitpunkt, Uhrzeit und Grund des Festes bitte rechtzeitig bekannt geben. Ob Sie schriftlich, telefonisch oder per Fax einladen, ist eine ganz persönliche Formsache, wobei eine schriftliche Einladung immer ein bißchen persönlicher und netter ist. Einige Anregungen für witzige Einladungskarten finden Sie auf Seite 117.

• Vergessen Sie nicht, neben Datum und Uhrzeit anzugeben, ob es sich um eine lockere Fete, ein elegantes Essen, eine riesige Party, ein Gartenfest oder lediglich um einen kleinen Umtrunk handelt. Sinnvoll ist auch, den Anlaß bekannt zu geben, sofern er keine Überraschung sein soll.

• Geben Sie bei dem Hinweis U. A. w. g. unbedingt einen Zeitpunkt für die Rückmeldung an, damit Sie rechtzeitig planen können.

Wo und wie?

Wer erinnert sich nicht gerne an seine Jugendzeit, als man dicht gedrängt in kleinen, möblierten Zimmern die fetzigsten Parties gefeiert hat. Keiner interessierte sich dafür, ob genügend Sitzmöglichkeiten vorhanden waren – Hauptsache war, daß man sich traf und Spaß hatte.
Auch wenn man ein wenig in die Jahre gekommen ist, haben Stehparties immer noch ihren Reiz. Dennoch ist es ratsam, ein paar Stühle parat zu stellen. Denn oftmals sind es nur die Füße, die müde werden, obwohl man eigentlich noch nicht nach Hause möchte.
Bei einer Einladung zu einem festlichen Essen am Tisch ist es nicht nur notwendig, daß jeder seinen eigenen Stuhl hat, sondern es sollte auch jeder genügend Platz zum Essen haben. Nichts ist unangenehmer, als eingeengt „gabeln" zu müssen. Laden Sie deshalb nur so viele Gäste ein, wie an Ihrem Eßtisch bequem Platz haben. Wie die exakte Anordnung der Teller, des Bestecks und der Gläser aussehen soll, sehen Sie auf Seite 120.
Für Besteck und für Gläser gilt die Faustregel: Man beginnt immer mit dem außen liegenden Besteck oder Glas und arbeitet sich von Gang zu Gang nach innen vor. Wird ein Brotteller gedeckt, steht dieser links vom Gedeck.

• Findet Ihre Fete im Freien statt, ist es sinnvoll, sich eine Biergartengarnitur auszuleihen. Kalkulieren Sie bei Gartenfesten unser etwas instabiles Wetter mit ein und sorgen Sie rechtzeitig für ein trockenes Plätzchen, wo Sie weiterfeiern können, wenn es plötzlich zu regnen beginnt.

• Eine ideale Art, viele Gäste zu bewirten, ist ein kaltes oder auch warmes Büfett. Wer keinen geeigneten Tisch oder passende Anrichte hat, kann einen Tapeziertisch und einige kleine Kistchen oder Schachteln, in unterschiedlichen Höhen, zu einem attraktiven Büfett umfunktionieren. Darüber arrangiert man ein großes Tisch- oder Bettuch und schmückt alles mit Blumen und zum Thema passendem Dekomaterial.

• Es ist praktischer, wenn Teller, Besteck, Servietten, Gläser und Getränke nicht direkt bei den Speisen am Büfett stehen. Stellen Sie dafür etwas abseits einen kleinen Beistelltisch auf. Auf diese Weise kann lästiges Gedränge vor dem Büfett vermieden werden.
Die kulinarischen Leckerbissen sollten nicht wahllos auf dem Büfett angerichtet werden, sondern nach Speisenfolge – also beginnend mit Vorspeisen, in der Mitte die Hauptgerichte und daneben die Desserts.

Was und wieviel?

Die Gäste sind ausgewählt, der Termin steht fest – nun kommt das Schwierigste: Was koche ich? Es soll raffiniert sein und möglichst allen schmecken. Es muß leicht und möglichst schnell vorzubereiten sein, und es sollte die Haushaltskasse nicht allzusehr strapazieren. Das zweite Problem ist: Wieviel koche ich? Jeder soll satt werden, man möchte aber auch nicht tagelang Reste essen müssen.

Je besser vorher alles geplant ist, um so streßfreier wird das Fest!
Lassen Sie sich inspirieren von den vielen Ideen in diesem Buch und stellen Sie Ihre ganz persönlichen Rezeptfavoriten zusammen. Wichtig ist bei der Auswahl, daß Sie möglichst viele Gerichte schon am Vortag zubereiten können. Je weniger Sie am Tag der Einladung kochen müssen, um so erholsamer wird es für Sie.

Bei einer Einladung zum Essen für 4 oder 6 Personen ist die Zutatenmenge für die meisten Gastgeber kein Problem. Kritisch wird es, wenn man mehr als 8 Personen bekochen soll und vielerlei Gerichte anbieten möchte. Natürlich kann man nie genau einschätzen, wieviel tatsächlich gegessen wird. Die Partyvorschläge im Buch sind mengenmäßig immer für die jeweils angegebene Personenzahl ausreichend. Da aber der Hunger der Gäste nie ganz genau voraussehbar ist, hier zwei wertvolle Tips:

• Stellen Sie immer eine abwechslungsreiche Käseplatte mit Butter, Brot und Früchten bereit. So kann jeder davon naschen, der noch nicht richtig satt ist. Falls der Käse nicht aufgegessen wird, ist das auch kein Problem. Käse hält sich gut und Sie können daraus köstliche Gerichte zubereiten, die nicht an Resteessen erinnern.

• Eine weitere Idee für hungrige Gäste und bei fast allen beliebt, ist das Mitternachtssüppchen. Ob Sie sich nun für eine feurig scharfe Gulasch- oder Bohnensuppe entscheiden oder eine klare Fleischbrühe mit herzhaften Einlagen bevorzugen, fast alle freuen sich auf einen kleinen Suppenimbiß zu später Stunde.

Sobald Sie sich für bestimmte Rezepte entschieden haben, schreiben Sie sich einen ausführlichen Einkaufszettel. Lebensmittel, die haltbar sind, und vor allem Getränke kann man gut schon einige Tage vorher besorgen. Frische Produkte sollten so spät wie möglich eingekauft werden.
Noch mehr Spaß macht die Vorbereitung für ein Fest, wenn man nicht alles alleine tun muß. Bitten Sie einen Freund oder eine Freundin, Ihnen zur Hand zu gehen. Auch während der Feier ist es ganz nützlich, wenn jemand mal hilft, Geschirr in den Spüler zu stellen oder leere Schüsseln vom Büfett zu räumen. Bei größeren Festen ist es eine echte Erleichterung, wenn Sie die eigenen Kinder, einen Jugendlichen aus der Nachbarschaft oder den Studentendienst um Hilfe bitten. Sie können aufpassen, daß keine abgegessenen Teller herumstehen, daß jeder mit Getränken versorgt ist, und sich um den Abwasch kümmern.
Sie sind meist auch gerne bereit, Discjockey zu spielen und für die musikalische Unterhaltung zu sorgen.
Zu guter Letzt:
Nehmen Sie sich vor dem Eintreffen der Gäste ausreichend Zeit, sich frisch zu machen und sich etwas Hübsches anzuziehen. Gönnen Sie sich ein paar Minuten Entspannung und freuen Sie sich auf Ihre Gäste.

TIP

Vergessen Sie als Gast niemals, die Gastgeberin mit Blumen oder einer anderen netten Aufmerksamkeit zu ertreuen.

EINLADUNG

Einladung

Einladung
zum
5-Uhr-Tee

EINLADU
ZUR
TEDDY

IDEEN FÜR EINLADUNGSKARTEN

Persönliche Einladungen – herzlicher Auftakt für ein gelungenes Fest

Natürlich ist es einfacher, zum Hörer zu greifen und telefonisch einige Freunde einzuladen oder fertig vorgedruckte Einladungskarten zu kaufen. Individuelle Einladungskarten sind jedoch viel persönlicher und jeder freut sich darüber. Gestaltungsmöglichkeiten hierzu gibt es genügend. Nachfolgend einige Anregungen für Ihre ganz spezielle Einladung.

• Blättern Sie einfach mal in Zeitschriften oder Büchern mit Cartoons. Sicherlich finden sie die eine oder andere witzige Zeichnung, die Sie für Ihren Anlaß verwenden können. Fotokopieren und auf weiße Karten oder auf Faxpapier kleben und mit den notwendigen Angaben beschriften.

• Anläßlich einer Tauffeier kann man natürlich eine Karte mit dem Foto des Babys verschicken. Oder man schneidet aus einem Fotokarton einen Schnuller aus, bemalt ihn mit rosa oder hellblauer Farbe und beschriftet ihn mit allen wichtigen Informationen zum Fest.

• Zum Kaffeekränzchen kann man mit einem beschrifteten, weißen, kleinen Tortenspitzendeckchen einladen. Eventuell ein Kuchenrezept darauf schreiben oder darauf hinweisen, daß man das Ergebnis am genannten Termin probieren kann. Witzig ist auch, kleine Tarteförmchen zu verschicken. Den Boden mit Papier auskleiden und beschriften.

• Zum Thema der Einladung passende Utensilien auf eine Karte kleben, wie etwa Reiskörner und zwei Stäbchen, wenn asiatisch gekocht wird. Für ein Grillfest einen Schaschlikspieß durch eine Karte spießen, rundherum einige Gemüsesorten oder Fische zeichnen und darauf hinweisen, daß sich am genannten Termin jeder selbst nach Lust und Laune seinen eigenen Spieß zusammenstellen und grillen kann.

• Wer zu einem lockeren Zusammensein einlädt, um Feriendias oder -fotos zu zeigen, verschickt entweder ein lustiges Urlaubsfoto als Einladung oder klebt die Flagge des jeweiligen Landes auf die Einladungskarten.

• Anläßlich einer großen Geburtstagsfeier, einer Silberhochzeit oder dergleichen können Sie eine fertig gekaufte goldene oder silberne Zahl auf eine große Karte kleben. Beschriften Sie diese mit den üblichen Angaben oder kleben Sie ein Jugendfoto auf die Karte.

• Zum Erntedank- oder einem Weinfest passen Karten mit einem lustigen Kartoffeldruck, den Ihre Kinder sicherlich gerne für Sie herstellen. Ein aufgeklebtes, getrocknetes Weinblatt oder eine Kornähre weisen ebenfalls auf ein Herbstfest hin.

• Wenn Sie zum Picknick einladen, ist der kopierte Ausschnitt einer Wanderkarte mit dem eingezeichneten Picknickplatz eine reizende Idee. So können die Gäste das Brotzeitziel leichter finden.

• Stecken Sie ein paar hübsch geformte Nudeln, wie etwa Farfalle, Ruote oder Conchiglie in eine Zündholzschachtel. Den Deckel mit weissem Papier bekleben, mit Datum und Uhrzeit beschriften und mit einer rot-weiß-grünen Schleife zubinden.

• In jedem Spielzeuggeschäft gibt es Messer und Gabeln für die Puppenküche. Kleben Sie jeweils ein Besteck auf eine pastellfarbene Karte und laden Sie zu einem Menü ein.

• Zur Bürofeier können Sie entweder einige bunte Büroklammern auf eine Karte kleben oder die Seite eines Terminkalenders mit dem entsprechenden Datum kopieren und Termin und Anlaß der kleinen Feier hineinschreiben.

• Als Einladung für eine Bootsparty bietet sich natürlich ein selbst gefaltetes Papierschiff an, das an beiden Seiten beschriftet ist. Und falls Sie zu einer Hauseinweihung oder einem Umzug einladen möchten, falten Sie kleine »Malerhüte«, die sie mit dem Hinweis beschriften: »Ausreichend Farbe steht zur Verfügung«.

• Einladungskarten für Kindergeburtstage sollten die Kids unbedingt selbst gestalten. Am schönsten sind natürlich bunt bemalte Karten. Lustig sehen auch beschriftete Luftballons aus: zuerst aufblasen und beschriften, dann Luft herauslassen und verschicken. Eine lustige Idee ist es, aus Buchstabennudeln einen Einladungstext zusammenzusetzen und auf kräftig bunten Fotokarton zu kleben.

DEKO-IDEEN UND TISCHKARTEN

Das Auge ißt mit

Und deshalb ist die Tischdekoration ein wichtiger Bestandteil des Essens. Die Dekoration soll auf das einstimmen, was anschließend serviert wird. So schön ein üppig dekorierter Tisch auch aussieht, in erster Linie sollten immer die Speisen zur Geltung kommen und genügend Platz haben. Daher lieber weniger, dafür aber effektvoll dekorieren.

• Bei großen Festtagen wie Ostern oder Weihnachten ist es relativ einfach, den Anlaß attraktiv zum Ausdruck zu bringen. Das Angebot an Dekomaterial ist zu dieser Zeit riesig. Gelb und Grün sind die Farben, die österliche Stimmung vermitteln. Ein sattes Rot, Grün oder Blau und darauf goldene oder silberne Kugeln, Sterne oder Engel unterstreichen die weihnachtliche Atmosphäre.

• Die effektvollste Deko sind immer Blumen der jeweiligen Jahreszeit. Oft reicht eine schöne, aufgeblühte Rose oder ein paar auf ein Büfett gestreute Herbstblätter, um die kulinarischen Köstlichkeiten in Szene zu setzen.

• Achten Sie darauf, daß der Tischschmuck nicht zu hoch ist. Man möchte schließlich sein Gegenüber sehen können. Am besten eignen sich niedrige Vasen oder flache Schalen, gefüllt mit nicht zu ausladenden Blumen. Eine mit Blütenblättern bestreute, einfarbige Tischdecke sieht ebenfalls reizvoll aus und läßt noch genügend Platz für Platten und Schüsseln.

• Bei einer Einladung zum Wildessen können Sie in der Mitte des Tisches ein wenig Moos drapieren und Pilze aus Pappmaché hineinstecken.

• Wenn Sie zum Fisch- oder Muschelessen einladen, verteilen Sie einige Muschelschalen vom letzten Urlaub auf dem Tisch.

• Verschieden geformte Hartweizennudeln, zusammen gebundene Spaghettibündel oder auch ein großer Zweig mit Tomaten lassen sofort erkennen, daß es Pasta gibt.

• Ein Orchideen- oder Bambuszweig oder ein Zitronengrasstengel weist effektvoll auf ein asiatisches Mahl hin.

• Wer einen Garten hat, tut sich etwas leichter mit der Tischgestaltung: einen frisch abgeschnittenen Efeuzweig über den Tisch ranken lassen – und fertig ist die Deko.

• Neben Blumen sind auch Gemüse und Kräuter ideales Dekorationsmaterial, das Sie zudem anschließend zu köstlichen Gerichten verarbeiten können. Legen Sie unterschiedlich große Tomaten in einen großen Glaskelch oder binden Sie einen Strauß aus Radieschen, Eiszapfen und möglichst kleinen Möhren. Im Herbst schmükken Kürbisse, Patissons oder Eßkastanien den Tisch und im Winter rotbackige Äpfel, Nüsse oder ein sattgrüner Wirsingkopf.

• Soll es feierlich sein, dürfen Kerzen nicht fehlen. Auch hier gilt: Ein hoher ausladender Kerzenständer ist auf einem gedeckten Tisch fehl am Platz. Viel schöner wirkt eine Schale mit Teelichtern oder ein niedriger Kerzenleuchter mit breitem Abtropfrand.
Bei einer Terrassen- oder Gartenparty sorgen kleine Windlichter für eine romantische Atmosphäre.

Charmante Platzanweiser

Wer gerne ein wenig Schicksal spielt und Menschen zusammenbringen möchte, die sich noch nicht so gut kennen, oder Paaren mal für einen Abend neue Partner zuweisen will, der stellt am besten Tischkarten auf. Diese reizenden Platzanweiser sind nicht nur schöne Andenken an den Abend, sondern haben zudem den Effekt, daß die Gäste sofort ein Thema haben, über das sie ins Gespräch kommen können – besonders, wenn die Kärtchen witzig gestaltet sind.

• Bei besonderen Familienfesten – wie runden Geburtstagen oder Jubiläumsfeiern – machen sich Kinderfotos von jedem Gast als Tischkarte besonders gut und sorgen gleich zu Beginn für heitere Stimmung.

• Eine reizende Idee ist ein rotbackiger Apfel, eine Tomate oder eine Mandarine, in die man ein aus Papier ausgeschnittenes Blatt mit dem Namen des Gastes steckt.

• Witzig sehen auch handliche Steine aus, die man je nach Anlaß bunt besprüht und mit dickem Filzstift beschriftet.

• Die Servietten mit einem breiten Papierstreifen oder mit Porzellanserviettenringen umhüllen und den Namen darauf schreiben.

• Jeder Gast bekommt eine Rose oder eine andere Blume mit einem Schleifchen, auf dem der Name steht.

• Selbst gebastelte Papierschiffchen beschriften oder eine kleine, beschriftete Papierfahne hineinstecken.

Menükarten wecken die Vorfreude

Bei Feierlichkeiten im Restaurant sind Menükarten üblich, bei privaten Einladungen gibt es sie eher selten. Einen Hauch von Eleganz erzeugen Sie, wenn Sie auch zu Hause Ihre Gäste mit einer Menükarte auf ein abwechslungsreich zusammengestelltes Menü einstimmen. Außerdem nimmt sie jeder Gast gerne als kleine Erinnerung mit nach Hause.

- Die Menükarte darf auf keinen Fall so groß sein, daß sie nicht mehr neben dem Teller liegen kann. Wenn Platznot herrscht, schreiben Sie die Menüfolge auf ein Blatt Papier, das dann aufgerollt und mit einer Schleife zusammengebunden wird. Wenn Sie dann noch den Namen darauf schreiben, ist es gleichzeitig eine Tischkarte.

- Üblicherweise besteht eine Menükarte aus einem farbigen, zum Geschirr oder Tischtuch passenden, zusammengefalteten Außenblatt und einem beschrifteten Innenblatt. Die Umhüllung kann z. B. mit einem aufgeklebten kulinarischen Stimmungsbild geschmückt werden oder der entsprechende Anlaß wird mit schöner Schrift darauf geschrieben. Auf dem Innenblatt steht rechts das Menü und links daneben die Getränke. Damit sind allerdings lediglich Aperitif und die passenden Weine gemeint. Mineralwasser oder dergleichen wird nicht auf der Karte vermerkt.

- Vermeiden Sie gekünstelte Namen für ihre Gerichte. Zum einen ist es »out«, zum anderen setzen Sie sich dadurch hinsichtlich Ihrer Kochkunst selbst unter Druck.

GLÄSER UND BESTECK

Glasklar,
daß aus einem passenden, edlen Glas ein guter Tropfen noch besser mundet. Wer sich also viel Mühe mit dem Kochen macht, sollte daher auch das sorgfältig ausgewählte Getränk ins richtige Glas einschenken. Wenn Sie zu einer eleganten Tischrunde einladen, muß auch bei den Gläsern die Qualität im Vordergrund stehen. Ein hochwertiges Glas ist mundgeblasen, das heißt, es hat weder am Glas selbst noch am Stiel eine Naht.
Feiert man eine heiße Fete mit vielen Leuten, sind hübsche Preßgläser genau richtig, denn wenn wirklich eines zerbricht, ist dies kein Unglück.

Die Vielfalt an Gläserformen ist verwirrend. Damit können Bücher gefüllt werden. Ganz spezielle Stilrichtungen haben sich jedoch durchgesetzt, und ein Genießer schwört auf das richtige Glas. Hier eine kleine Auswahl:

• Schmale und hohe Champagner- oder Sektgläser haben die einstigen Sektschalen verdrängt, da bei diesen durch die große Oberfläche die Kohlensäure sehr rasch entweicht. Sektschalen sind aber nach wie vor ideal für Sektcocktails.

• Bei Weingläsern ist das Angebot so vielfältig, daß selbst passionierte Weintrinker Schwierigkeiten haben, sich zurechtzufinden. Grundsätzlich jedoch gilt, daß in einem Haushalt, in dem gerne gefeiert wird, zumindest Rot- und Weißweingläser vorhanden sein sollten.
Weißweingläser sind immer kleiner, schlanker und häufig nach oben hin etwas schmaler.
Dabei genießt der Kenner reifere Weine aus größeren Kelchen als Jungweine.
Ähnliches gilt auch für Rotweine. Je älter und voluminöser der Rotwein ist, um so größer und opulenter das Glas. Jugendliche Rotweine kommen in einem schlanken Kelch besser zur Geltung als in einem riesigen Ballonglas.

• Für welches Glas man sich beim Bier entscheidet, hängt von der jeweiligen Biersorte und der Art der Bewirtung ab. Dem einen schmeckt das Pils am besten aus einer typischen Biertulpe, der andere zieht ein schmales hohes Pilsglas vor.
Eindeutig ist die Glasauswahl beim Weißbier: immer ein hohes, schlankes Glas, mal mit, mal ohne Fuß.
Altbier und Kölsch werden aus kleinen, schmalen Stangengläsern getrunken, und alle übrigen Schankbiere serviert man vor allem zu einer deftigen Brotzeit in einem Bierkrug.

• Das Wasserglas kann sowohl schlank und gerade sein als auch passend zu den Weingläsern ein großer Kelch mit Stiel.

• Bei den Digestifs ist die Auswahl an Gläsern ebenso groß wie die Anzahl der verschiedenen Getränke, die nach dem Essen gereicht werden. Der klassische, bauchige Cognacschwenker wird allmählich von einem schmaleren, sich nach oben hin verjüngenden Glas verdrängt.

Ob Sie ein glattes oder ein geschliffenes Glas auswählen, bleibt ganz Ihrem Geschmack überlassen.

Schön und funktionell

muß das Besteck sein. Deshalb ist der Kauf eines Tafelbestecks eine schwierige Angelegenheit. Es soll gut in der Hand liegen, nicht zu wuchtig, aber auch nicht zu leicht sein. Es sollte gleichermaßen schön und funktionell sein, außerdem zeitlos, da man tagtäglich damit hantiert und das meist über viele Jahre hinweg.
Da ein gutes Besteck teuer ist, entscheiden Sie sich für eines, das Sie viele Jahre nachkaufen können.
So edel ein Silberbesteck auch aussehen mag – denken Sie daran, daß es hin und wieder gründlich geputzt werden muß. Weniger reinigungsaufwendig ist ein Besteck aus Edelstahl oder aus Cromargan, da es spülmaschinenfest ist.

Die Basisausstattung eines Bestecks besteht aus Messer, Gabel, Eßlöffel, Teelöffel und Kuchengabel. Als Ergänzung sind sinnvoll: ein Salatbesteck, Saucen- und Gemüselöffel, ein Suppenlöffel, eine Vorlegegabel sowie ein Buttermesser. Wer gerne Fisch serviert, benötigt natürlich Fischbesteck und Spargelfans wollen auf einen Spargelheber nicht verzichten. Tranchiermesser und -gabel, passend zum Besteck, sind nur nötig, wenn Sie das Fleisch am Tisch zerteilen. Für Kuchenfans sind Tortenheber, Zuckerzange oder -löffel und ein Sahnelöffel unerläßlich, ebenso wie für Käseliebhaber natürlich das Käsemesser und der Käsehobel.
Wenn Sie Wert auf einen besonders stilvoll gedeckten Tisch legen, dürfen Messerbänkchen nicht fehlen.

TIP

Geben Sie in Ihrem Freundeskreis bekannt, für welches Besteck Sie sich entschieden haben, und daß Sie sich über jede Ergänzung freuen.

SERVIETTEN FALTEN

Dekorativ und praktisch

muß eine Serviette sein.
Kompliziert gefaltete und arrangierte Servietten sehen zwar sehr gut aus, sind aber meist unpraktisch und entsprechen heute nicht mehr dem Zeitgeist. Bei allem Sinn für die Optik dürfen Sie nicht vergessen, daß die Serviette in erster Linie zum Benützen und nicht zum Bestaunen auf dem Tisch liegt.
Wie stilvoll die Serviette arrangiert wird, hängt von der Art des gedeckten Tisches ab. Je feierlicher der Tisch, um so festlicher kann auch die Serviette gefaltet werden.
Einige praktische und dennoch hübsche Ideen, wie man Servietten ohne viel »Schnickschnack« plazieren kann:

- Wer nicht so fingerfertig ist, kauft sich am besten Serviettenringe. Die Auswahl ist riesig! Die Servietten entweder zusammenrollen und durch den Ring schieben oder wie Blüten durchschieben. Praktisch sind Ringe aus weißem Porzellan, die man dann jeweils mit dem Namen des Gastes beschriften kann und die somit Tischkarten ersetzen.

- Je nach Anlaß bindet man ein Bastband, ein weiß-blau oder ein rot-weiß-grün gestreiftes Band um die Serviette.

- Hübsch wirkt auch eine Serviette, mit einer Kordel umwickelt, unter die eine Rose oder eine andere schöne Blume gesteckt wird.

- Für ein einfacheres Essen genügt als Deko oftmals eine zusammengefaltete, in eine kleine Schale gelegte Serviette.

- Sehr dekorativ wirkt auch eine diagonal zusammengerollte, und dann halbierte Serviette in einer Sektflöte.

- Zarte, weiße Spitzenbänder, festliche Samtbänder oder auch in Streifen geschnittener Tüll, wie man ihn im Fasching überall kaufen kann, um eine einfarbige Serviette geschlungen, sehen ebenfalls sehr apart aus.

Meereswellen

1. Die Serviette zu drei gleichen Teilen zusammenfalten, so daß ein schmales langes Rechteck entsteht.
2. Rechte und linke Kante in zwei Stufen so zur Mitte hin falten, daß sich die Faltkanten in der Mitte treffen. Dadurch entsteht ein Quadrat.
3. Die Serviette wenden und von Seite zu Seite zur Hälfte zusammenfalten. Die Serviette erneut umdrehen. Die Wellen werden sichtbar.
4. Die entstandenen drei Wellen leicht auseinanderziehen. Wer möchte, kann in die Falten kleine Blüten oder Tischkärtchen stecken.

TIP

Gleichgültig wie Sie die Serviette falten wollen, entscheidend für das gute Aussehen ist, daß sie sorgfältig gebügelt und vor allem gut gestärkt ist. Denken Sie beim Falten daran, daß die Servietten in erster Linie zum Benützen da sind und nicht zum Bewundern. Bitte beachten: Nur mit sauberen, nicht verschwitzten Händen arbeiten und vor allem auch bedenken, daß sich Ihr Kunstwerk leicht auseinanderfalten läßt.

Lotosblüte

1. Die Serviette flach ausbreiten und alle vier Ecken zur Mitte hin klappen.
2. Den Vorgang wiederholen und die Ecken nach innen schlagen.
3. Die Serviette umdrehen und den Vorgang noch einmal wiederholen, dabei in der Mitte gut festhalten, um ein Verrutschen zu verhindern.
4. Die Finger auf der Mitte lassen und mit der anderen Hand die Spitzen vorsichtig nach außen ziehen. So fortfahren, bis alle Ecken wie Blumenblätter aussehen.

Bischofsmütze

1. Die Serviette zu einem Dreieck mit der Spitze nach oben falten. Die beiden Ecken zur Spitze hin falten, so daß sich ein Quadrat ergibt.
2. Das Quadrat auf die Rückseite drehen und die oberen drei Spitzen zur unteren Spitze hin klappen. Dadurch entsteht ein Dreieck. Serviette so umwenden, daß die Spitze des Dreiecks nach oben zeigt.
3. Dann die linke Ecke etwas mehr als über die Hälte hinaus nach rechts, die rechte nach links klappen und in den Zwischenraum der linken Ecke stecken.
4. Alles gut festhalten und die Serviette erneut umwenden. Zuletzt die beiden noch aufgerichteten Spitzen vorsichtig nach unten ziehen.

Schmetterling

1. Beide Seiten der Serviette zur Mitte hin zusammenlegen und die eingeschlagenen Seiten zu einem langen Rechteck übereinanderschlagen.
2. Die Enden des Rechtecks zur Mitte nach innen falten und jeweils mit einer zweiten Falte doppelt auf sich selbst zurücklegen.
3. Für den rechten Schmetterlingsflügel die rechte untere Ecke nach oben ziehen und auf den Mittelbruch falten. Das sich dadurch ergebende Dreieck gut feststreichen. Dann die linke obere Ecke wieder zurückfalten.
4. Für den linken Flügel denselben Vorgang mit der linken Ecke ausführen.

GEDECKTER TISCH NACH JAHRESZEIT

Frühlingshafte Tische

Nach der langen Winterzeit ist es schön, die erwachende Natur auf den Tisch zu bringen! Eine sattgrüne Kresse- oder Kräuterwiese, belegt mit halbierten Eierschalen, aus denen freche Mini-Dekohühner herausgucken, und auf der sich kleine Osterlämmer und Schokoladenkäfer tummeln, zaubern fröhliche Osterstimmung herbei. Kräftige Farben sind angesagt: Man sehnt sich nach frischem Grün und strahlendem Gelb. Bedenken Sie dies bei der Auswahl der Servietten und des Tischtuches.

• Frühlingsstimmung erreichen Sie auch mit einer sattgrünen Tischdecke, gelbem oder weißem Geschirr und als Mittelpunkt darin eine Schale oder einen geflochtenen Korb mit bunt arrangierten Frühlingsblumen, wie Primeln, kleinen Märzenbechern und Minitulpen.

• Wer einen Tisch mit schöner Holzplatte hat, nimmt anstelle einer Tischdecke mal weiße Papierspitzendeckchen als Sets und legt kreuzförmig ein breites blaues Seidenband auf. Dazwischen werden gelbe und blaue Krokusse in kleinen Tontöpfen verteilt – frei nach dem Motto von Eduard Mörike: »Frühling läßt sein blaues Band wieder flattern durch die Lüfte«.

Sommerliche Tische

Die Möglichkeiten, einen Tisch sommerlich zu schmücken, sind grenzenlos, bietet doch die Natur alles, was man sich erträumt in Hülle und Fülle. Was den Sommer am besten widerspiegelt, ist ein bunter, möglichst selbst gepflückter Wiesenblumenstrauß als Mittelpunkt des gedeckten Tisches.

• Für das Tischtuch passen im Sommer fröhliche Farben wie blau, gelb oder grün.

• Im Frühsommer sind mit Kirschen und Kirschblättern gefüllte Gläser eine schnelle und reizvolle Tischdekoration. Hübsch sehen auch Kirschtomaten am Zweig aus, die wie eine Kordel auf den Tisch gelegt werden.

• Schön und ebenfalls schnell vorbereitet ist auch eine wassergefüllte Schale mit aufgeblühten Rosenköpfen mit einigen Rosenblätter dazwischen. Auf dem Tisch zusätzlich einzelne abgezupfte Blütenblätter verstreuen.

Herbstliche Tische

Im Herbst stehen die Gaben der Natur im Vordergrund: reife Äpfel, frische Weintrauben, neue Kartoffeln. Zugleich kommt auch ein bißchen Wehmut auf beim Anblick der fallenden Blätter und beim Gedanken an den bevorstehenden Winter. Am ersten Oktober wird traditionell das kirchliche Erntedankfest gefeiert. Anschließend wird auch heute noch in ländlichen Gegenden gegessen, getrunken und getanzt. Leider ist in unserer hektischen Zeit diese »Danksagung an die Natur« ein wenig in Vergessenheit geraten. Grund genug, sich einmal bei einem herbstlichen Essen zu besinnen. Die stimmungsvollsten Tischdekorationen bietet die Natur selbst – meist zum Nulltarif.

• Ein alter Holztisch ist natürlich die passendste Grundlage für eine herbstliche Tafel. Gut macht sich aber auch ein altes Leinentischtuch oder eine olivgrüne, braune oder ockergelbe Tischdecke.

• Als Deko eignet sich ein Strauß aus Weizen, Hafer und Roggen, dazwischen einige Korn- oder Sonnenblumen oder eine Schale mit herbstlichen Gartenfrüchten gefüllt. Auch Tomaten, Paprika, Pilze und unterschiedlich geformte, kleine Kürbisse vermitteln herbstliche Atmosphäre.

• Besonders reizend – vor allem, wenn Bier getrunken wird – sehen girlandenartig gebundene Hopfendolden aus und dazwischen gestreute Kastanien und Eicheln.

• Unternehmen Sie einen kleinen Spaziergang entlang des Waldrandes, und Sie finden reichlich traumhaft schönen Tischschmuck, den Sie nur pflücken oder aufsammeln müssen.

Winterliche Tische

Der Winter, die besinnliche Zeit des Jahres, ist geprägt von Advents- und Weihnachtsstimmung. Diese soll sich auch auf dem gedeckten Tisch widerspiegeln, das heißt: feierlicher Schmuck mit viel Kerzenschein. Einzige Ausnahme bildet die amerikanische Christmas-Tafel mit glitzernden Kugeln, Mickymaus als Weihnachtsmann und schrillen Farben.

• Anregungen für einen festlichen Tisch mit weihnachtlichem Glanz gibt es gerade in dieser Zeit genug.

• Feierlich wirkt eine dunkelrote, tannengrüne oder auch goldene Tischdecke. Neben Misteln, Tannenzweigen und Tannenzapfen einfach selbst gebastelte Engel oder Strohsterne darauf verstreuen und Lametta oder Engelshaar locker darüber verteilen.

• Kerzen dürfen keinesfalls fehlen. Achten Sie aber darauf, daß Sie keine lästigen Wachsflecken auf dem Tischtuch hinterlassen. Entscheiden Sie sich für Kerzenständer mit breitem Abtropfrand oder stellen Sie Teelichter in kleinen Schalen auf.

• Sehr edel wirkt auch ein dunkelblaues Tischtuch, auf das Sie goldene oder silberne Glitzersterne streuen. In der Mitte werden in einer goldenen oder silbernen Schale gleichfarbene Weihnachtskerzen arrangiert.

REGISTER NACH ANLÄSSEN

ALPHABETISCHES REZEPTREGISTER